TROIS DIALOGVES DE L'AMITIE: LE LYSIS DE PLATON, ET LE LÆLIVS DE CICERON; CONTENANS plusieurs beaux preceptes, & discours philosophiques sur ce subiect: Et le Toxaris de Lucian; ou sont amenez quelques rares exemples de ce que les Amis ont fait autresfois l'vn pour l'autre.

Le tout de la traduction de Blaise de Vigenere, Secretaire de la chambre du Roy.

A PARIS,
Chez Nicolas Chesneau, Ruë sainct Iacques, au Chesne verd.
M. D. LXXIX.
AVEC PRIVILEGE DV ROY.

AV SIEVR IEHAN ANDREOSSI, LVCQVOIS; GENTILHOMME ORDINAIRE DE la maiſon de Monſeigneur le Duc de Neuers, Pair de France.

CE N'A pas eſté noſtre voiſinage, y ayant peu moins de deux cens bõnes lieuës de Bourbonnois iuſques à Lucques: N'y vne accointance & conuerſation practiquee entre nous des nos ieunes ans; ne nous eſtãs frequẽtez ny cogneus ſinon que bien aduancez deſia de dans l'Automne de noſtre aage: Ny vn accident & cas fortuit auſſi peu, qui m'a acquis ceſte voſtre ſi douce & debonnaire Amitié, vertueux & honoré gentilhomme: Ains apres auoir chacun endroit ſoy pour ſeruir au public, & pourueoir pour l'aduenir à ſon faict, pourſuiuy la routte de ſa fortune; l'vn d'vn coſté, l'autre d'vn autre, parmy la nauigation de ce monde, tantoſt bonace, gracieuſe, & propice; en vne haute mer nectoiee & exempte de tous eſcueils, bancs, & rochers; tantoſt agitee de vents & de vagues contraires; de tormentes & impetueux orages, en danger de donner à trauers. Apres doncques mille ennuis, & trauaux; mille peines, dangers, & mesaises, ayans fait gracieusement nostre petite & contente emplette; nous sommes venus surgir & iecter l'ancre de repos & tranquillité; Ployer nos voiles & cordages au plus beau, magnifique, & celebre port de tous autres; & le plus à l'abry de tous vents importuns & molestes; La tresnoble, tresexcellente, & incomparable Cité de Paris; siege de la Monarchie Françoise; principalle demeure des Rois treschrestiens; Domicile des bonnes lettres; Plaisant & gracieux seiour des Muses; l'Apport & Estappe de toute courtoisie, gentillesse, & ciuilité; & la retraicte de toutes honnestes libertez, franchises, recreations, contentemens, & esbats. Là où estans venus aborder vous & moy qui courõs presqu'vn pareil aage, en vn mesme tẽps; la moindre ondee de vos vertus & merites m'a donné vn desir de vous accoster & cognoistre: Ce desir apport vne frequentation: La frequentation vne mutuelle beneuolence; & ceste cy vne Amitié ferme & indissoluble à iamais; comme estant establie sur la vertu, son principal & plus asseuré fondement sur tous autres; & sans lequel toute autre espece d'Amitié se doibt plus tost appeller vne vaine & friuole legiereté inconsideree, aussi bien commune aux bestes brutes, qu'aux Creatures raisonnables; Que du sainct nom de ce lien estroict de nos cœurs; Dont le hault Dieu n'a rien octroyé icy bas de plus precieux à ses Creatures. Au moyen dequoy parmy les *my les incommoditez & assauts que la vieillesse charrie ordinairement auecques soy; sa bonté diuine m'a comme par vne grace speciale, octroyé, eslargi, & entremeslé deux tresdouces consolations : L'vne des bonnes lettres ; lesquelles ayant assez heureusement goustees durant ma ieunesse ; & depuis intermises (mais non du tout) à la suitte de la cour, & aux guerres par l'espace de trente ans ; Ie suis venu de nouueau à recaresser, salluer, embrasser. L'autre de vostre tresvertueuse accointance; l'vn des plus chers thresors que ie sçaurois souhaitter en ce monde, & que ie reçois à plus de beatitude & felicité, que toutes les facultez & richesses, tous les honneurs, dignitez, & aduancemens, à quoy l'insatiable conuoitise des hommes est coustumiere d'aspirer ; Et dont la fortune m'a faict autresfois quelque monstre mais de loing, comme à trauers vn sombre & obscur nuage, ou vne verriere ternie; pour m'attirer auecques ses autres poursuiuans au piege de ses aguets, frauldes, deceptions & appasts: de ses incertaines & mensongeres promesses : Non autrement que quand pour r'appeller quelque Faucon, Saccre, ou Gerfault prest de s'esgayer à l'essor, ou se transporter à vau-vent, on luy bransle vn leurre ayant apparence de proye ; auquel quand il est repris, il ne trouue finablement fors vn pennage sec descharné, abuseur ; sans rien quelconque dont il se puisse paistre ne rassasier. Ainsi au lieu de choses si incon-*

ſtantes & mal-aſſeurees ; pour vn bien ſi tranſitoire & caduc; En attendãt celuy qui ne change ne deperiſt, Dieu m'a recompenſé de voſtre treſchere Amitié, d'vne participation de toutes vos commoditez: De voſtre honneſteté & vertu, douceur, familiarité, & conuerſation amiable ; toute telle le premier iour, comme le dernier; à l'abordee qu'au departir. NAY en premier lieu de ceſte gentille petite Cité, non ambitieuſe, tempeſtatiue, & tumultuaire : non peruertie & alteree de cruelles vindictes: non arrouſee du ſang de ſes Citoyens: De laquelle tant de bons eſprits, & gens doctes; tant de bons Capitaines & vaillans ſoldats; de riches & opulents negociateurs ſont ſortis; qui traffiquans d'vn bout de la terre & des mers iuſqu'à l'autre, ameinent par leur diligence & dexterité, tous les iours infinis ornemẽs & vſages à la vie humaine: Pendant que ceſt heureux Aſile ſeiour, & retraicte de toute paix & repos ; content de ſon anguſte territoire, fructueux neãtmoins par l'induſtrie des habitans; ſ'eſt par vne ſi longue ſuitte de ſiecles, d'vne grace ſpeciale du ciel, ou pluſtoſt beneficẽce diuine, conſerué ſa liberté vierge, pure, & entiere; parmy tant d'armes & de guerres ; inuaſions & hoſtilitez eſtrangeres: Parmy les ambitions & aguets de tant de redoutez Potentats; Qui certes ont fait conſcience, & eu honte de la moleſter, tout ainſi que quelque deuot & reueré ſainctuaire, qui porte ſa franchiſe auec ſoy. Habitee au reſte d'vn peuple doux, benin, moderé, & courtois; eſloigné de vices; exempt de toutes noiſes, altercations, ligues, partialitez, & debats, ſi cruellement embraſez

en

en tous ses voisins, que les restes en fument encore. V O V S *doncques natif de ceste heureuse petite Eusebie, du temps; & moy d'vn des plus benins endroicts de ce Royaume, soubs le grand* Roy *François premier de ce nom, pere & restaurateur des bonnes lettres; auons tous deux par la grace & bonté diuine atteint le quatriesme de ses successeurs: Lequel meu de non moindre zele & ferueur, si d'auenture il ne l'est plus, se parforce de tout son pouuoir les challenger & garentir de la Barbarie, sans cela toute preste de les engloutir & esteindre, fauorisee de nos mutuelles contentions, & disputes:* Prince *certes dont la vertu, pieté, bonté, douceur, humanité & clemence, meritoient vne plus heureuse, & moderee veine de temps: Et vn si malin, inique, peruerty, seditieux, mutin, ingrat & desbauché siecle, estoit indigne d'vn si bon, si benin, gracieux, debonnaire, & pacifique Monarque: Ny plus ny moins que les riuages d'vne riuiere impetueuse; subiecte à tous propos aux inondations, excroissances, & rauines d'eaux, qui par leurs continuels lauemens & croupissant seiour les descharnent de leur graisse & limon iusqu'au sable aride & infructueux; ne meritent pas qu'on les ensemence de quelque bon grain; parce qu'il n'a dequoy y prendre pied ne racine, destitué aussi bien de nourrissement pour le faire croistre.* E T AINSI *estans venus acheuer nos iours soubs vn si bon & genereux Prince, en vn si triste & calamiteux tẽps: nous sommes entrerencõtrez: Vous encore occupé à vne espece de vie actiue; Mais apres quoy? Toutes sortes de bonnes œuures, deuotions, charitez, & aumosnes en-*

uers de pauures estudians, & autres necessiteux pitoyables; vn soing, liberalité, & deuoir plus que de Pere alendroict des vostres; vne tres-honneste & magnifique reception à tout propos, des gens de valleur & doctrine: Et moy apres ie ne sçay quelles contemplations & estudes rencloses, non toutesfois du tout si Dieu plaist, oisiues & mortes: Il est impossible que vous ne m'aymiez, pour le respect que ie porte à vos belles vertus & merites (car d'en rien particulariser plus auant; c'est des louenges tout ainsi que des coups de traicts & harquebouzades, qui ne font pas vne si grande faulsee & effect deslachez de trop prez, comme de quelque proportionnee distance) Et que ie ne vous respecte & honore pour l'Amitié que vous me portez. Pour arres & tesmoignage de laquelle aux siecles aduenir, à fin de ne m'entacher enuers vous d'oubliance & ingratitude, deux capitales aduersaires de l'Amitié; Ie vous en offre icy cõme trois medalles, ayans d'vn costé son image emprainc͏̈te, & en leurs reuers tout plein de belles fantasies sur ce mesme subiect: Le tout partant de la main de trois les plus rares & excellens ouuriers, que l'Antiquité Grecque & Romaine ait iamais eu en la plus florissante & heureuse vogue de tant de renommez bons-esprits. Mais ce ne sont pas les Antiques propres (pourrez vous dire) que vous me presentez icy; ains des modernes contrefaittes, & moullees dessus: Dequoy, nomplus que quelqu'vn qui pour faire ses largesses de fruicts iroit fureter les vergiers d'autruy; vous ne pouuez pas tirer beaucoup de louenge; moy me sentir guere obligé à vous; ny

le

*le public nous en sçauoir gré à tous deux. A la verité il se trouue trois manieres de gens, qui tousiours se sont monstrez les plus resschauffez de mettre la main à la plume; toutesfois auec peu de gloire & reputation. Les Epitomistes c'est à sçauoir, & abreuiateurs; qui ont iadis eu durant les regnes de l'ignorance, beaucoup de credit parmy les hommes de rudde & paresseux entendemẽt: Race certes pestifere & pernicieuse pour toutes sortes de bons liures; la plus part desquels par ceste engẽace de vaines & affamees rongneures, nous sont demeurez peruertis, diformez, mutilez; voire esteints tout à faict en beaucoup d'ẽdroicts; & escornez par de grãdes bresches Routtes, Lees, & places vagues; fort malaisees à repeupler & remplir: Si que tant de doctes & exquis labeurs en ont esté presque consumez & aneantis; à guise de quelque bel indiuidu d'herbe ou d'arbre, qui estant extermine par le feu, gist l'a despouillé du tout de l'agreable industrie & gentille varieté de Nature, & reduit à vn petit tas de cendres mornes & contemptibles à voir. L'*AVTRE *est vne maladroitte mesgnie d'infinis brouille papiers chaffoureurs traducteurs, perpetuels truchemãs de l'oisif ignorãt vulgaire; qui trãsportẽt Rome à Veies; le bon Complan de Languedoc, en la basse Normandie, ou Bretaigne; De la farine ne rendans qu'vn maigre gruau; de la victime que la peau & les ossements, comme vn autre Prometheus: Pere nourrissiers de la negligence & paresse; du mespris & contemnement des langues; Contre la plus part desquels il y a complaintẽ formee par les bons autheurs, Grecs, Latins, Italiens, Espa-*

gnols, qu'ils ont si piteusement attornez; qu'ils lapident, despecent, desmembrent, deschirent, alterent, & difforment miserablement; & non d'autre sorte, que si quelque bien mauuais & imperit sallebrenaut d'imagier ou de peintre, se voulloit entremettre de representer vn visage beau en toute perfection. En quoy ie ne pretends pas de reprendre ne blasmer personne; & si l'on ne sçauroit auoir occasion de se plaindre de moy; puis que ce n'est que des insuffisans idiots que ie parle; & que ie me mets encore de la confrairie des beaux premiers. Car encore que l'on face passablement en cela, ce n'est pas chose toutesfois dont l'on se puisse approprier le tiltre & degré d'homme docte; ne pour se mettre en admiration enuers les sçauans; parmy lesquels l'honneur, & louenge ne s'aquierent pas à si bon marché aux despens d'autruy: Toutes traductions pour en parler de verité ressemblans proprement à quelque monstre ou mascarade, dont les habits, bien que de draps d'or, d'argent, & de soye, sont neantmoins recogneus, ou soupsçonnez d'auoir esté empruntez d'ailleurs. Autrement il faudroit que le Drogheman maieur du grād Turc fust le premier en scauoir, & le plus renommé homme de la terre; pour ce qu'vne fois le iour passent plus de traductions, ou par sa langue ou par sa plume, qu'à tous nous autres tornevireurs en vn mois. LA troisieme est bien plus auguste, magnifique, & de haut appareil; proche parente de la Corneille d'Horace: De ceux qui tout ainsi que du Collisee, ou des Thermes Antonianes, & autres exquis bastimens antiques de Rome, ausquels l'on a barbaresquement

quement aduãcé leurs iours pour en faire ie ne ſay quels petis Tuguriõs, Appẽdiz, & meſchantes Cabãnes; affin de bien toſt depeſcher vn liure, prennent, empruntent, & deſrobent à toutes mains çà & la dans les vieils autheurs; de chacun vne bonne hauee: Qui eſt vn vol trop manifeſte, (peut on dire auecques raiſon) mais c'eſt tout vn; chacun ne le recognoiſt pas: Il ne faut qu'agenſer, varier, deſguiſer tant ſoit peu, vous voila en reputation pour iamais: Force honneurs, dignitez, & aduancemẽs; le premier lieu es compagnies; le hault bout en tous feſtins & banquets: Des eſcuts quand & quand à poignees: Auſsi bien comme veut Terence, RIEN NE SE DIT, QVI DESIA NE SOIT DIT: *Et les frippiers, de plusieurs vieils haillons, baſtiſſent bien quelque nouuel habillement, qui ne laiſſe pas d'auoir grace, & de trouuer des achepteurs. Ouy; mais ſi quelqu'vn venoit d'auanture à reuendiquer ſes pieces, l'vn ſeroit en danger de le perdre, & l'autre d'aller en priſon, & de n'eſtre iamais Preuoſt des Marchans. Au pis aller il ſe faut ſoubsmettre au hazard: Cependant tout eſt de bonne guerre: Et n'eſt plus la ſaiſon de faire aucune difficulté ne conſcience, de diuerſifier les bons liures anciens en vne infinité de nouueaux. Car tout ainſi que de diuers accouplemens de quelques deux douzaines de lettres, viẽnent à ſe former tãt de milliers de ſyllabes: Et de la trãſpoſition des Syllabes, plus grand nombre de dictions encore: De la diuerſe collocation des dictions, innumerables clauſes complettes: Et de ces clauſes finablement a ſe teiſtre infinis traictez, liures, tomes, volumes: En ſem blable; De ces volumes, tomes, liures, traictez, empruntant non les mesmes clausules, dictions, syllabes, & caracteres; mais des pages toutes entieres, des fueillets & cayers aussi; se compilent en peu de temps de beaux gros magazins de liures, à l'exemple d'vne Baleine qui deuore infinies esquadres de moindres poissons, pour en former ceste lourde excessiue masse. Rare certes, & gentille inuention; & non moins abbregee & compendieuse qu'autre quelconque sçauroit estre, pour bien tost mettre son nom en lumiere, l'enuoyer aux nations estrãges sans payer voicture, & se faire le long des rues admirer, & monstrer au doigt. De moy ie ne suis immatriculé sinon en la seconde classe: mais ie pourray auec le temps, si ie m'esuertue de galland homme, monter quelque iour iusqu'à cestecy.* CEPENDANT *pour abandonner ce propos; sans toutesfois sortir encore du Ternaire, si propre & cõuenant à la diuine essence, source & fontaine inexpuisable de la vraye Charité & Amour; Le present qu'icy ie vous fais, est composé de ce nombre; à guise de quelque gallerie ou Portique a trois ordres d'Architecture; dont celuy d'embas qui est ordinairement le Dorique, est representé par Platon: non pour rapporter l'excellence de cest autheur si delicat & elegant sur tous autres, a vn ordre le plus maßif & grossier de tous; mais pource qu'il sert icy comme de Base & de fondement aux deux qui posent dessus: Aussi que tant de repetitions qu'il y a, qui tiennent comme lieu de Triglyphes; & les responces entrecouppees vn peu bien court, voire abruptement quelque fois, semblables presque les vnes aux autres; dont l'vn de nos follastres gosseurs modernes s'est voulu rire sous le personnage de Trouillogan; sonneront parauanture assez rudement, & ne trouueront pas grand goust ne credit enuers les oreilles non encore embeües ne façonnees à l'induction Socratique. L'autre qui vient apres plus esgayé comme vn Ionique, est Ciceron: Et finablement Lucian pour le tiers, asscauoir le Corynthiaque; pour raison des belles histoires figurees en iceluy; ainsi que pourroit estre vne frize ou zoophore entaillé à petis bestions, fleurs, fruictages, & autres telles fantasies, aussi agreables & recreatiues à l'œil, que les comptes amenez icy peuuent estre à nos imaginations & pensees. En apres, il y a comme trois degrez ou estages en l'Amitié: Du bas en haut, ou petit au grand: De pair à pair: Et du haut en bas, du grand au petit. La premiere de ces differences est ordinairemēt vn peu subiecte à tenir de l'imperfection & defaut, dōt aussi il y a apparence de l'en souspçonner: Que l'inferieur, moins aisé, l'indigent, & plus foible, cherche l'amitié d'vn plus grand, plus aisé, & puissant que luy, pour le besoing qu'il peut auoir de ses biens, son maintenement, appuy, faueur, & support: Car en ce cas c'est plus tost vne feinte & dissimulee, pour le moins cōtrainte, que sincere & loyalle amitié; laquelle comme dit Seneque vient par là estre despouillee de sa plus grande maiesté. L'autre d'apres entre les égaux, est la plus ordinaire & commune; pour beaucoup de raisons qui se desduiront cy apres: Pource mesmement, que tout ainsi que si l'vne des couppes de la Balance est plus legiere que l'autre, le ioug ou le Balancier dont elles dependent ne pourra demeurer ſuſpendu eſgal: Ainſi eſt il des Amis; dont ſi l'vn eſt plus riche, aduancé, heureux, & puiſſant que l'autre; il l'enuoiera les pieds contremont, pirouettant çà & là en l'air; là où il ſera ferm'aſſis en repos. Mais la troiſieſme du grand au petit, eſt la plus parfaitte & excellente de toutes: Telle que du Tout bon Tout puiſſant à l'endroict de ſes Creatures; d'vn bon Prince enuers ſes ſubiects; & du Pere enuers ſes enfans: Car en remontant il n'eſt poſſible qu'elle ſoit ſemblable; nom-plus que la terre ne peult pas retribuer au ciel, ce que le Ciel luy contribue: & que tout ainſi que nous ne pouuons aimer noſtre Dieu de la meſme façon qu'il nous ayme; & les enfans eſtre inclinez à leurs Pere-meres, comme ils le ſont enuers eux: Auſſi l'affection des ſubiects ne ſe peut aucunement meſurer à celle que leur porte leur ſouuerain naturel ſeigneur. Au moyen dequoy Ariſtote fort ſagement & à bon droict la mect au plus haut degré de perfection, pour le regard des hõmes mortels; d'autant, comme il dict, qu'elle conſiſte en l'excellence des faueurs & beneficences conferees en leur endroict: Et c'eſt vn ordinaire que les perſonnes couſtumieres à faire du bien, ſemblent aimer d'auantage ceux à qui ils addreſſent ces gratuitez & biensfaits, que les autres qui les reçoiuent ne les aiment reciproquement: Pource que chacun aime plus ſans comparaiſon ſon ouurage, qu'il n'eſt reaimé d'iceluy; quand bien il auroit vie, & ſeroit animé: Ainſi que Dieu ſes Creatures, le Pere fait ſes enfans; & le Prince ceux qu'il ad-*

uance & fauorise. De maniere que c'est vn grand indice de vertu & bonté en vn Prince, quand il faict quelque demonstration d'Amitié enuers ceux dont il ne peut rien attendre de mutuel ne reciproque, parce qu'ils luy doiuent & les biens & la vie: Si que le moindre signe d'affection & de bienvueillance qu'il en vueille manifester, est de plus grand poix sans comparaison, que tout leur sang qu'ils sçauroient espandre pour son seruice: Car la plus grande chose qui soit en l'Amitié, est que le superieur se face esgal à l'inferieur. Au moyen dequoy Achilles; & apres luy Alexandre fils de Philippus; tous deux si braues, genereux, & magnanimes Princes, ont esté infiniement extollez de louenges pour la benigne Amitié qu'ils porterent; l'vn à Patroclus, l'autre à Ephestion, leurs vassaux & seruiteurs domestiques; durant qu'ils vescurent: Mais bien plus encore pour le dueil qu'ils en menerent apres leur mort; & pour les somptueuses funerailles, & autres deuoirs qu'ils leur firent; tesmoignans assez la debonnaireté & candeur de leur naturel. L'amitié au reste symbolise a la paix; & par consequent l'inimitié à la guerre. L'Amitié est cause de tout bien, repos & felicité: L'inimitié à l'opposite, & toute sa sequelle de mal-veillances, haines, rancunes, enuies, noises, despits, seditions, mutinemens, partialitez, & debats, n'ameinent que tout malheur, annichillement, & ruine. Ainsi qu'Homere l'a assez donné à entendre des l'entree de son Illiade; en laquelle voulant descrire les maux & calamitez qui aduindrent deuant & dedans la grand Troye, & la guerre qui amena l'euertion de la plus riche & opulente Cité, du plus beau & puissant Royaume de toute l'Asie; là où tant de grands & signalez personnages, tant de valeureux Princes & Heroes d'vne part & d'autre perirent auãt leurs iours; il n'a pensé pouuoir mieux enfourner son œuure que par ce mot de μῆνις; *qui signifie ire, indignation, & courroux, esmeu en Achille, pour raison de l'Amour: Tout ainsi que l'occasion primitiue de toutes ces desolations & ruines procedoit d'vn autre Amour plus illegitime; de Paris, c'est assauoir & Helene. Tellement qu'il y a grande difference de l'Amour & de l Amitié: Comme le marque le Poete Arioste parlant de l'affection de Ruggier enuers Bradamante, & Marphize sœur d'iceluy, bien qu'encore incogneuë pour telle.*

Ama amendue, non che da porre incontro
Sien questi amori; e l'vn fiamma & furore;
L'altro Beniuolenza piu ch'Amore.

*De là vient que l'Amitié est tousiours vtile & proffitable; & l'Amour nuisible le plus souuent, voire trespernicieux quelquesfois. Au moyen dequoy non sans cause a esté dit par les Sages hommes; Que quiconque est Amy, aime; mais tous ceux qui aiment, ne sont pas Amis pour cela: Par ce que l'*Amour *consiste en la Volupté, qui est en la premiere source; & l'*Amitié *en la vertu. L'*Amour *entre & s'introduit premierement par le plus tendre & dangereux a blesser* Organe *du corps; le plus legier, voltigeant, & mobile, assauoir les yeux; esquels gist toute la force & effect de ceste passion, qui s'y complaist*

complaiſt ſouuerainement: Car aux Amans rien n'eſt plus aggreable que le regard de la choſe aimee; & pourtant ils recherchent ce ſentiment ſur tous autres. Mais l'Amitié ne bat que ſur vne honneſte acointance & conuerſation, parce que c'eſt vne ferme & loyalle communion de volontez, & de fortunes; & en ſomme de tout ce qu'il y peut auoir de bien & de mal en ce monde; en laquelle il n'eſt pas queſtion de flotter en vne legiereté inconſtante, tantoſt en çà, tantoſt en là, comme vn autre Euripe. Tellement que l'Amitié bien aſſiſe, & reciproque comme elle doibt eſtre; (car la beneuolence qui en eſt la clef ſe forme & prend pied tout ſoudain, & l'autre a beſoin de temps; dont eſt venu le prouerbe du boiſſeau de ſel) eſt la plus neceſſaire choſe que l'homme puiſſe auoir icy bas: Parce qu'auec tous les autres biens, richeſſes, commoditez, & threſors; honneurs, charges, dignitez, & aduancemens, il n'y a perſonne qui vouluſt viure ſans quelque Amy. Parainſi ce tant gracieux ſoullagement de nos maux, minoratif de toutes aduerſitez & trauerſes; contreſcarre de la fortune; conſolation de la vie; (dont certain Philoſophe ſoulloit dire, qu'autant de fois l'homme meurt comme il perd d'Amis; & à bon droict certes, pource que deux cueurs s'entr'aimans n'ont qu'vn ſeul eſtre.) Ayant pris ſa premiere origine au ciel; ne ſçauroit germer icy bas en la terre, ſinon en des cueurs bien naiz, magnanimes, & genereux: Sinon en la preud'hommie & vertu: Auec laquelle pour ceſte occaſion Prodicus a voulu apparier l'Amitié: Et des deux enſemble faire vne treſexcellente deſcription, *pleine de beaucoup d'enseignement & doctrine. A* H*ER-*CVLES *(ce dit il) s'apparurent iadis la Vertu & la Volu-Mais il adhera à Vertu, qui le conduict sur vne mon-tagne fourchee en deux hautes crestes; celle de la main droitte estant desdiee à l'Amitié, seur germaine de la Vertu; & l'autre à la Dissimulation & feintise, proche parente du Vice. Et pourautant que de loing ces deux Cimes ne paroissent qu'vne seule; la Vertu auoit don-né à Hercules l'vne de ses deux filles (Prudence) pour l'aduertir de cest abus: Qui luy monstra comme le pied de ces deux pointes & sommets, estoit tout semblable; paré & reuestu esgallement d'arbrisseaux, herbes, & fleurs, differentes neantmoins en cecy, que les vnes gar-doient leur perpetuelle verdeur & beauté; les autres se flestrissoient incontinent qu'elles estoient nees. De cha-cun puis apres de ces deux sommets, coulloit à val vn clair ruisseau argentin, de liqueur transparente & ne-cte: Douce en l'vn, & delicieuse à boire; De l'autre, si on la puisoit quelque peu loin de ses fontaines, douce auf si, ce sembloit au goust; mais en ses sources, vray fiel & poison mortel; causant tout soudain vn pesant estour-dissemẽt de teste, qui aliene la personne pour si peu qu'el-le en puisse prẽdre, de sa memoire, & de son bon sens. Les Crestes estoient pareillement dissemblables: Celle de main droicte ombragee en toute saison, & couuerte d'ar bres perpetuellement verdoyans; ainsi que myrthes, lau-riers, cypres, & autres de mesme nature; que les gra-cieux soufflemens de Zephire halenoient à souhait, pour les esgayer & semondre à croissance; non les* *rudes & impetueux tourbillons, qui tendent à renuerser & destruire. Vne tresgrande au reste, & exempte de tout bruict & tumulte, tranquillité, occupoit ce diuin habitacle; la ou vous eussiez apperceu peu de gens de vray, mais remplis d'vne merueilleuse allegresse & contentement; Arriuans là, & s'en retournans tousiours d'vne mesme chere & visage. Au plus hault feste estoit assise en son throsne vne vierge, non embellie par artifice, non reparee de passe-fillons surfrisez, dorlottez; ains d'vne tresnaifue & modeste apparence; telle que les anciens statuaires auoient accoustumé de donner à leurs statues, pour plaire à toutes sortes de personnes: Vestue au reste d'habits parfaictement blancs; & si deliez, que la plus part de ses bien proportionnez membres, auecques sa belle charneure, se pouuoient aiseement discerner à trauers. Et si ses pensees & cogitations plus secrettes n'estoient pas moins en euidence: Car elles se iugeoient tout appertement à son ouuert genereux regard: A son soubsrire non esgaré, feinct, dissimulé ny oblique; mais esgal, asseuré & constant. Que si quelqu'vn espris d'admiration s'approchoit, elle ne luy presentoit pas de l'argent, ny de l'or, mais le renuoyoit meilleur & plus grand qu'il n'estoit venu. Hercules tout esmerueillé, l'ayant requise de luy vouloir estre fauorable & propice, demande à sa guidde Prudence, qui estoient ces tant belles & honestes Dames qui luy tenoient compagnie? Celle (dit-elle) que vous voyez ainsi claire & luysante, assise en vne chaire de Diamant, est la verité, fille du haut Dieu souuerain: L'autre qui panchant le chef se repose, Beneuolence; de l'industrie & moyens de laquelle la Deesse en tous ses affaires a de coustume se seruir. Mais ce petit garçon planté ainsi de pied ferme, d'vne plus grande grauité que son aage ne le requiert, lequel porte des entraues en ses mains, est Amour, ministre aussi de l'Amitié: Non point equippé de legieres esles, ny muny d'arc, de flesches, & carquois; Car aussi ne desire il pas voller, ny blesser personne; de tous les exploits dont il s'entremet n'y en ayant pas vn tout seul qui soit sanguinaire: Mais ceux qu'il rencontre Preud'hommes, benins, pacifiques, & bien d'accord en eux mesmes, il les accouple & lie ensemble de liens si fermes & solides, que nul ne les sçauroit briser ne desrompre. Et si tant s'en faut que les volontez qui en sont detenues se faschent, qu'au contraire elles s'y plaisent & resiouissent. Mais (voyez ie vous prie Hercules) ceste autre là, ou la plus part des mortels arriue & s'embat; & ce que d'arriuee vous rencontrerez sur le sueil de son huis. Ce disant luy monstre au doigt les mesmes choses qu'il auoit veuës au tertre de l'autre Deesse: Cestuy-cy ceint d'vn rocher, haut & roidde escarpe tout autour; couuert à perpetuité d'vn brouillas & nuage espois; auec de profonds precipices, & des baricaues trop hideuses à veoir, toutes semees d'ossements humains, & remplies d'vne venimeuse & infette vermine. La simulatiõ au reste ressembloit de loin l'Amitié, & a elle en beauté presque egale; mais toute enduite & couuerte de fard: Et au lieu d'vn benin & modeste aspect, ie ne sçay quel-*

le

le morgue disgraciee pour estre contraincte, & ses amadoüemens & caresses forcees: sortant loin audeuant des gens, pour les recueillir, ou plus tost attirer à son insidieux domicile. Car personne de son bon gré ne s'y voudroit pas legierement enfourner: Ioinct sa facheuse compagnie & sequele bien dissemblable des dessusdites: Ces vieilles drughes ne se pouuans si naifuement contrefaire, qu'il ne fust bien aisé de les descouurir, si aumoins on y voulloit tant soit peu prendre garde, pour fraudes, embusches, surprises, desloyautez, impudences, tromperies, toutes tacquaines & craintiues: Et au lieu de la verité, vn meschant mallotru periure, audacieux, effronté, trahistre, desloyal infidelle; lequel sur tous ses autres satellites seruoit tressoigneusemẽt ceste sienne dame & maistresse. Et comme Hercules eust plus particulierement arresté son œil sur vne boiteuse, il demanda qui elle estoit? L'adulation & flatterie (respondit Prudence) qui marche tousiours deuant la dissimulatiõ: Et l'autre ainsi piteuse, morne, & pensiue, qui conduit ceste petite trouppe de desolez, lesquels se battent & affligent eux mesmes en se lamẽtans fort plaintiuement? La Penitence, Deesse non intempestiue qui ne permet pas que ceux cy soient achenez de ronger & succer des serpens, lezards, & coulleuures; alterez pensionnaires de ce trahistre miserable lieu; ains les retire tout à temps. s'ils luy veullent prester l'oreille. TELLES choses & autres encore vit le bon Hercules sur ces deux couppets de montagnes, de la vraye Amitié, & de la feintise; dont les contrarietez opposees directement nous *donnent aſſez à cognoiſtre, combien nous deuons eſtroictement cherir, careſſer, embraſſer la premiere : Et au rebours fuyr l'autre à noſtre poſſible ; l'euiter, abhorrer, , comme quelque horrible & eſpouuentable Chimere, pernicieuſe eſgallement à l'vne & l'autre des Parties.*

FIN.

DEVS NOBIS HÆC
OTIA FECIT.

LE LYSIS DE PLATON; OV DE L'AMITIE.

ARGVMENT.

PAR tout, là où Socrates dispute contre les Sophistes & palliez Philosophes, ou auecques leurs adherens; il rembarre fort viuement leurs opinions, fausses pour la pluspart; & marque seulement comme du bout du doigt en passant ce qui doibt estre receu pour veritable, plustost qu'il ne l'enseigne de resolution: Car la faulseté conuaincue, il est bien aisé puis apres de venir à la perquisition de ce qui est vray. Cela se voit apertement dans l'Euthidemus, le Protagoras, Menon, Hippias, Eutyphron, & le Lysis icy present. Mais quand il parle auec ses disciples, & ceux qui ont creance à sa doctrine, il leur monstre la verité nettement, & sans aucun voile; Comme il est assez manifeste en plusieurs de ses dialogues. Au Lysis doncques; pource qu'il s'y dispute de l'amitié auec les escolliers des Sophistes; Socrates s'estudie plus à conuaincre ce qui est faux, qu'à monstrer le vray. Quelle au reste est l'opinion de Platon touchant l'Amitié & l'Amour, nous le pouuons tirer de ce liure; & encore de ceux des loix, & autres plusieurs traictez de ce plus que diuin Philosophe: lequel veut que l'Amitié soit vne honneste communication de plusieurs volontez perpetuellement iointes en vne seule: la fin d'icelle, de viure ensemble vne mesme vie: le commancement, vne ressemblance & conformité de mœurs, dont procede la familiere accointance: le meillieu est l'Amour. Quand il dit honneste, il en forclost la frequentation des vicieux, desbauchez, & meschans; & toutes ordes, sales, & illicites voluptez & concupiscences.

Quant Perpetuelle; les legieres & de peu de duree bien-vueillances des adolescens: Car encore quelles soient modestes & sages, si ne veult il pas pour cela qu'on leur donne si tost le nom d'Amitié. Quant, de Volonté: il monstre assez par là, que la ressemblance & conformité de ie ne sçay quelle opinion, d'art, de mestier, d'exercice & occupation, n'est pas suffisante à rendre une Amitié parfaitte. La communicatiõ, denote une mutuelle correspondance de l'amiable voulloir, dont le but & intention finale est de deux cœurs faire une seule volonté: d'une volonté seule, une vie seule: Et finablement d'une seule vie, la cognoissance & fruition d'un seul mesme Dieu, & d'une mesme Idee ou exemplaire de Diuinité. La source & commancement dont se vient exciter en nous le desir de ceste communion, est la conformité; Qui symbolise auec l'Idee, constellation, naturel, & correspondante affection, tant du corps que de l'esprit. Car ceux qui dependent d'un Seul, taschent de retourner en luy, par luy, & à luy, Le millieu, presque comme un passage & aduenue à l'Amitié, est l'Amour. Or comme l'Amour soit un desir de ce qui est beau: Et que l'Amitié preigne son origine & appellation tout ensemble d'Amour; il fault par necessité que ceux qui doiuẽt deuenir amis, soiẽ beaux: entans beaux ceux qui ont l'Ame belle: Car l'Ame de l'homme est le vray homme, le corps n'en est qu'un instrument & oustil. Et quiconque aime la beauté du corps, n'ayme pas l'homme, mais ce qui appartient à l'homme. Au moyen dequoy, toutesfois & quantes que ceste conuenance & conformité interuient, & que la Beaulté des ames se rencontre, une parfaitte amitié s'en vient à produire. Que si la beauté du corps accompagne celle de l'Ame, on s'attache à aymer plus tost, & en brief s'otbient l'habitude de l'Amitié: comme en la mutuelle bienvueillance de Platon & Dion cela se practique. Mais si la Beauté du corps est annexee à la disformité & laideur de l'Ame, de là procede le desir, non d'une honneste communication, mais de quelque lubricité dissoluë: De sorte que nõ une Amitié, Ains une insolence effrontee du commancement, puis un discord, en procedent. Par ainsi la conformité & conuenance venans à manquer, iamais n'y aura des Amis. S'il y a de l'affinité, & rien de beau, quelquefois se pourrõt biẽ faire des biẽvueillans plus tost qu'Aims. Si à la cõuenãce la beauté du corps est adiointe & nõ de l'Ame, au lieu du desir de l'Amitié, vient à naistre vne ardeur de certaine volupté deshonneste. Quand l'vn est beau de l'Ame, & l'autre laid, ceste accointance vient à produire vn admonestement & reprehention. Si belle l'Ame de l'vn, & de l'autre ne belle ne laide, vn vouloir de ceste affinité prouient d'aprendre, & de s'enseigner reciproquement. Et finablement de la reprehention dessusditte, & de ceste instruction & doctrine l'Amitié vient à naistre: Ce que l'affection de Socrates enuers Alcibiades & Phedrus nous demonstre. Mais si ceste ressemblance & affinité rencontre vne beauté d'vne part & d'autre, elle engendre tout incontinent vne amitié indissoluble, comme de Platon & Aster. Voila l'opinion de Platon quant à l'Amitié, selon qu'on le peult recueillir de plusieurs endroits de ses œuures. Lequel en ce premier dialogue reprend auant toutes choses ceux qui abusent de l'Amour; & qui sous ombre d'Amitié se laschent apres des voluptez infames: Puis apres admoneste ceux qui estiment deuoir estre aymez pour la seule beauté de leur corps; Tiercement il refute l'opinion des autres, qui ne iugent pas de l'Amitié comme il fault. Et finablement monstre vne addresse aux Prudens & industrieux esprits qui tendent apres l'Amitié. Tous ces membres, icy chacũ endroit soy, sont assez euidẽts aux lecteurs: Car quand Socrates se raille de Hippothales & Ctesippus, & les brocarde, il denote par là que l'Amour dont ils sont espris n'est legitime ny honeste. Et quand en leur presence il institue les ieunes enfans aux bonnes mœurs, il instruit par mesme moyen les Aymans de quelle sorte il fault aymer, & comme il fault viure ensemble. Au surplus apres auoir façonné les Aymãs, il passe à l'institutiõ des Aimez: qui est la seconde partie du dialogue: Là où par vne longue suitte & traisnee de ses inductions ordinaires, il monstre que non pour la vaine apparẽce de ce petit corps transitoire & caduque; mais par la vraye beauté de l'ame, la sapience c'est assauoir & la Prudence, il fault chasser aux amitiez. En troisiesme lieu il renuerse l'opinion de Solon, qui dit les Aymez estre les Amis; encore que la plus part du temps ils hayssent ceux qui les ayment: Et y adiouste d'auantage que les Aymans ne sont pas seuls les Amis: Parce que bien souuent on haist ceux qui ayment. Au moyen dequoy il conclud que la bienueillance reciproque doibt eſtre appellee amitié. Il reprend puiſapres Empedocle, qui eſtimoit chaque ſimilitude & conformité telle quelle, ſuffire à contracter amitié. Ce que la ſimilitude de pluſieurs arts & ſciences declare aſſez eſtre faux; laquelle engendre plus ſouuent hayne & enuie, que nompas amitiè. Suit conſequemment l'opinion d'Heſiode & Heraclite: Que les choſes diſſemblables ſont celles qui ſont les plus grandes amies entr'elles: Ce qui appert auſsi eſtre faux, de ce que la hayne & l'Amour eſtans diſſemblables, ne ſont pas pour celà amis; ny le meſchant & iniuſte au Preud'homme: Et des autres en ſemblable maniere. Que ſi d'auenture quelque choſe monſtre de conuoiter ce qui luy eſt diſſemblable; Comme le ſec ou aride, l'humidité; le froid, la chaleur: Il ne fault pas dire pourtant qu'ils ayment leur contraire; Mais qu'ils cherchent de ſe reſtaurer & remettre par le contraire de leur exces à vne mediocrité temperee. Car ce qui outre ſa Nature eſt ars & bruſlé de ſurabondante chaleur, par le moyen du froid ſera reduit à vn temperament naturel: De maniere que ce n'eſt pas qu'il ayme le froid, mais l'atrēpāce par le moiē de la froidure. Le meſme faut il eſtimer de tous les autres contraires. Parquoy ces choſes refutees, Socrates introduit vne autre opinion comme ſienne: Tout ainſi que ſ'il propheti ſoit; où il deuiſe les affections de l'Ame en trois: le Bon, le Mauuais, & le Neutre. Le Mauuais n'eſtre iamais amy du Bon à cauſe de la diuerſité qui eſt entr'eux. Le Mauuais eſtre offenſé du Mauuais pour raiſon de ſon iniuſtice: Et pourtant ne pouuoir eſtre amis enſemble. Il n'eſt pas poſsible nomplus que le Neutre ou indifferent puiſſe aymer le Mauuais: Car pource que le Mauuais eſt inuiſible de ſa nature, il eſt touſiours hay d'vn chacun. Reſte doncques que l'Amitié ſoit entre le Bō & le Mauuais; & l'indifferēd & le Bon. Cellelà conſiſte au plaiſir: Et ceſtecy au deſir. Dequoy ſe viennent à procreer deux ſortes d'Amitiez. Mais certaines obiections ſe viēnent eſleuer al'encontre, qui ſemblēt pa[r] troubler tout celà; leſquelles Socrates ameine tout à deſcouuert; Et en preſuppoſe tacitement les ſolutions. La premiere; Parce que le Bon eſt ſemblable au Bon, & que les ſēblables ne ſont point amis; celà a eſté prouué contre l'opinion d'Empedocle: Surquoy il fault entēdre, que ce n'eſt pas à dire, que les Semblables ne puiſſent eſtre amis en ſorte quelconque; ains qu'on a nié ſeulement que toute ſimple reſſemblance & conformité n'est point suffisante de soy pour procreer vne Amitié. Outre plus, quand en secõd lieu on argue ainsi: Le Bõ se suffist à soimesme: Doncques il ne desire point d'Autre; Parquoy il n'ayme point; Et par consequẽt n'est point amy du Bon. Mais il fault expliquer cela, que ceste impertinence & absurdité ne prouient point de l'intention de Platon; Mais du dire d'Empedocle & Heraclite; lesquels ne mettent point de difference de l'Amitié au desir d'Amour: Parquoy il fault que la concupiscence soit perpetuellement attachee auec l'Amitié: la ou Platon veult que l'Amitié soit certaine habitude contractee d'vne longue Amour. Dont il s'ensuit que l'Amour soit vne Amitié naissante encore; & l'Amitié vn Amour confirmé de longuemain; ouquel demeure plus de volupté que de desir. Et delà s'ensuit que qui auoit desiré, cõmẽce desia à receuoir quelque delectatiõ. Pourtant l'habitude & condition de l'Amitié ne requiert pas necessairement vn ardent desir de la chose presente; mais vne delectation seulement. Desorte que si le Bon vient à desirer moins le Bon; il ne se resiouist pas toutesfois pour celà moins du bon: Ce qui est de fort grãde efficace à conseruer l'Amitié: Dont cecy est vne espece; assauoir entre le Bon & le Bon, establie plus tost au plaisir qu'au desir. Il y en a encor vne autre qui embrasse plus de desir que de volupté; se produisant entre l'indiffert & le Bon. Par quel moyen elle se fait, en faueur dequoy, & pourquoy; il est assez euident dans le texte; où Platon la descript d'arriuee comme il luy vient en fantasie. Et puis apres il se retracte peu à peu, & amẽde. Car ayant dit le Neutre ou Indifferent à cause du Mal ennemy, aymer le Bon & l'Amy pour raison du bon & Amy; Tout soudain contredisant à ce qu'il dit; il se corrige & amende; & monstre en premier lieu que toutes les Amitiez qui s'addressent aux hommes sont imparfaittes; & rien autre chose que certaines figures & remembrances de l'Amitié; qui aspire au premier & souuerain bien, autheur de toutes choses: Parce que c'est tout le premier qu'il fault aymer, comme estant cause de faire aymer toutes choses. Et quiconque ayme rien que ce soit, il se le propose tout le beau premier, comme la fin finale de l'Amour. Car tout le bien qui est en toutes les choses du monde, vient de celuy qui est le premier & le souuerain: Et de la premiere beauté tout ce qui est aggreable en toutes les autres. La Bonté au surplus nous attire; Et la

Beauté nous alleche: Tellement que ces choses basses ne nous meuuent pas; ains le premier exemplaire d'icelles est ce qui nous attire & alleche. Parquoy nous l'aimons en elles; & d'elles aussi. Nous aymons doncques celluy là en ces choses basses, & non pas elles: Dont le grand zele & Pieté de Platon enuers Dieu, & sa deuote religion nous est assez manifeste. Il monstre par apres que tousiours nous ne venons pas à aymer pour raison de quelque autre chose que celle que nous aymons: Car nous ne desirons pas le premier & souuerain bien pour raison d'vn autre: ny le Bien à cause du Mal. D'auantage, pource que tout le Mal venant à estre banny hors de la Nature, resteroit le Bon, agreable & plaisant de soy: & l'appetit nous tireroit d'vn moindre bien à chercher d'en obtenir vn plus grand: Car ce qui nous excite vn desir du souuerain Bien ne peult estre mauuais: Trop bien ce qui a indigence & besoing du moindre, taschant de se remplir à souhait nous conuertist à chercher le souuerain bien: Laquelle indigence, n'est pas vn Mal, Car iamais le Mal n'appete le Mal, ne le Contraire le Contraire, ains doibt plustost estre appellee vne entree & aduenue du Bien. Celà premis, pour r'habiller sa premiere disputte, il nous introduit vn principe pour enquerir plus parfaittement la vraye source de l'Amitié: En disant, que la Cōuenance & Affinité, ou le Propre & le Familier, (les Grecl l'appellent οἰκεῖον) est ce qui engendre l'Amitié. Finablement il reprend ces ieunes gens auec qui il dispute, de ce qu'ils ignorent ce qu'on doibt aimer, qu'elle est la vraye Amitié, comme on la doibt establir ferme & seure, & honneste auec: Leur monstrant au doigt & à l'œil que s'ils n'entendent bien celà, & ne le pratiquent en la sorte, toutes leurs Amitiez seront insolentes, legieres, effrontees, desreiglees, impudiques, & peu certaines. Mais de peur de leur offencer les oreilles, il le touche tant seulement en paroles couuertes, & se reprend auec eux luy mesme.

MARS. FIC.

ENTRE-

ENTREPARLEVRS,

SOCRATES, HIPPOTHALES, CTESIPPVS, MENEXENVS, ET LYSIS.

IE m'en alois de l'Academie droit au Lycee par le dehors des murailles, le long d'icelles: Et comme ie fus arriué à la porte où est la fontaine de Panopis, ie rẽcõtray Hippothales fils de Ieronymus, Ctesippus le Peanien, & tout plein d'autres ieunes gẽs qui estoient auec eux. Soudain qu'Hippothales m'apperceut; Et d'ou venez vous Socrates va il dire; où est-ce que vous allez ainsi?| De l'Academie (responds-ie) & m'en vois tout droict au Licee. (Approchez vous vn peu de nous dit il lors:) Ne voulez vous pas? Et certes si le deuriez vous.| Ouy de vray (disie) mais où; Et de qui d'entre vous voulez vous que ie m'approche? venez seulement respond il; me monstrant ie ne sçay quelle escolle close de maçõnerie vis à vis des murailles, la porte ouuerte: c'est icy là où nous nous exerceons auec plusieurs beaux & honnestes adolescens.| Quel est le principal

exer-

exercice que vous prenez en ce lieu? A la lucte qui nagueres y a esté establie: Mais la plus part du temps à certains discours que nous vous cõmuniquerions volontiers.| Vous faittes fort bien. Et qui est-ce qui enseigne icy?| Vn vostre compaignon & bon amy, admirateur de voz vertuz, Miccus.|Homme de vray non à mespriser (respondis-ie); mais au reste vn bien grand Sophiste.| Voulez vous pas donques venir là-dedans auec moy pour veoir ceux qui y sont?| Ie sçaurois volontiers deuant à quelle fin i'y entreray; Et qui est-ce tant beau que voila.|Il semble peut estre (Socrates) autre que vous ne dittes à quelqu'vn de la compaignie.| Mais à vous ô Hippothales qu'est ce qu'il vous en semble? dittes le moy ie vous prie.| Il rougit là dessus. Moy alors: O fils de Hieronymus (voy-ie dire) ce que vous auez sur le cœur, il n'est point de besoin que vous me le descouuriez ny cachez; Car ie suis par trop clair-voyant en semblables choses. Et encore qu'en toutes autres ie sois homme de peu, voire du tout inutile; Cecy seul m'a esté octroyé de Dieu, de cognoistre de prime face tout ce qui dépent de l'Amour & de l'Amitié. Ce qu'ayant entendu il rougit encore plus fort. Mais Ctesippus se mettant à la trauerse: Vrayement cela est fort ciuil ô Hippo thales (va-il dire,) & à vous bien seant de rougir ainsi; & de vous faire tant prier de dire ce qu'on vous demande. Si vous demeurez icy tant soit peu, Socrates,

crates, ce vous ſera vne mort de le luy oyr reiterer ſans ceſſe. Car il y a deſia long temps qu'il ne nous fait que rompre la teſte du nom de Lyſis, & nous en a preſque aſſourdis. Que s'il a trinqué tant ſoit peu; A grand peine aurons nous le loiſir de nous deſceigler les yeux du ſommeil, qu'il ne nous ſoit bien aiſé d'entendre à mon aduis ce nom là. Il ne nous ſeroit point toutesfois ſi moleſte, combien qu'à la verité il le ſoit, de l'en oyr cauſer en proſe; ſi ce n'eſtoient ſes Poëſies, & copieux eſcripts dont il ſe parforce de nous ſubmerger. Mais ce qui nous eſt encore le plus ennuyeux de tout, eſt qu'il nous faut eſcouter patiemment ce qu'il va çà & là deſgoiſant de ſes ſiennes affections, d'vne voix trop eſtrange: & maintenant qu'il en eſt prié de vous, il s'en vergoigne & rougiſt. C'eſt doncques Lyſis ce bel adoleſcent là ce me ſemble (luy vois ie dire) car ie ne le dis que par coniecture, & ne le cognois point autrement.| Auſſi ſon nom n'eſt pas encores diuulgué (reſpond il) ains a eſté iuſques icy ordinairement appellé par celluy de ſon pere; lequel eſt fort cogneu par tout: Et ſi ie crois bien outre plus, que la beauté de ce ieune gars ne vo' doit point eſtre ignoree; car on le peut aſſez biẽ diſcerner à cela ſeul. Dittes moy doncques ie vous prie de qui eſt il fils?| C'eſt l'aiſné de Democrates Aëxonien.| A la bonne heure, Hippothales: Que vous puiſſiez auoir rencontré vne genereuse & constante Amitié pour le reste de vostre vie. Mais declarez moy aussi ce que vous auez communiqué à ces autres; affin que ie sçache si vous entendez ce qu'il faut qu'vn Amant die de ses Amours, ou à elles mesmes, ou aux autres. | Et voulez vous rien peser, ny faire estime de ce qu'il vous dira, Socrates? |Nierez vous donques ce que Ctesippus me descouure? | Nenny certes va il respondre: Mais que ie compose des vers ny autres escrips que ce soient, ie le luy nie tout à plat. | Il n'est pas bien de son cerueau, le pauure homme, ains resue, & est à demy insensé, respond Ctesippus. | Moy alors: ie ne me soucie pas autrement d'oyr ô Hippothales ne vos vers ne chançons, si d'auenture vous en auez faict quelques vnes: Mais trop bien ce que vous auez sur le cœur; affin que i'entende comme vous vous gouuernez en cecy. | Cestuycy vous le dira mieux que moy, (respond il) car il le sçait sur le doigt, & s'en resouuient; Puis qu'à son dire ie luy romps ainsi les oreilles incessamment de mes chançons. | Ouy à la verité (dit Ctesippus) ie le sçay fort bien (Socrates) & sont choses ridicules, voire dignes de moquerie; que celuy qui aime, & qui plus soigneusemẽt que nul autre se rend attentif à obseruer les mœurs & façons de faire de la chose aymee, n'en puisse rien particulieremẽt racompter, qui ne soit cogneu iusques aux enfans; ains ce que toute la ville chante de De-

mocra-

mocrates,& Lysis,le grand pere de cestuy cy,& de tous ses ancestres : magnifiant leurs opulences & richesses;leurs escuiries de grans cheuaux; victoiresPythiques,Isthmiennes,&Nemees;en la course des chariots,& cheuaux de selle: Tout cela il le celebre par ses vers, & beaux narrez; & d'autres choses plus anciennes encore: Comme Hercules fut iadis festoyé & receu magnifiquement en l'hostel de son bisayeul; à cause du parenté qui estoit entr'eux; par ce qu'il estoit aussi bien fils de Iuppiter comme l'autre, & de la fille de certain grand Prince,qui seigneurioit sur vn peuple ie ne sçay quel.Toutes fables&comptes de vieilles:auec plusieurs autres semblables choses de la mesme farine; lesquelles cestuy cy recitant & chantant, il nous est force de les oyr.| O de vray (disie alors)digne de risee & de moquerie Hippothales, qui premier que de vaincre compose & chante ses louenges.| Mais ce n'est pas pour moy Socrates(va il dire)que ie compose&chante cela.|Ne le cuidez vous pas?respõdis ie.|Et comment se pourroit il faire me repliqua il ?| C'est à vous seul principallement (disie) sur qui toutes ces belles Odes à la fin retombent . Car si vous rencontrez vn tel Amy; les louenges vous reuiendront à autant d'ornement & honneur; comme à quelqu'vn qui feroit son entree en triomphe, pour auoir obtenu vn si bon rencontre. Mais si d'auenture vous en estes deceu, tant plus vous y aurez employé de louenges; de tant plus grands biens & felicitez serez vous priué; & plus digne de risee & de mocquerie. Au moyen dequoy quiconque est expert à sçauoir choisir des amis, se gardera bien d'en louër vn seul, Premier que d'en auoir eu l'accointance bien familiere, redoutãt ce qui en peut aduenir: de pœur que soudain qu'ils s'aperceuront d'estre louez & magnifiez, ils ne se remplissent d'orgueil. Ne le cuidez vous pas ainsi?| Ouy de vray.|Et de tant plus qu'ils sont superbes, ne sont ils pas plus malaisez à prendre?| Il est vraysemblable|Or quel veneur vous sembleroit estre celuy qui en chassant effaroucheroit la proye, & la rendroit plus difficile à prendre?| Du tout mauuais,| De fait par ses deuis & chançons non apriuoiser les personnes, mais de les rendre plus sauuages est vne fort grande incongruité: N'est-ce pas?|Il me le semble.|Gardez vous doncques ô Hippothales d'encourir tous ces accidens cy par le moyen de ceste vostre belle Poësie. Car ie ne pense pas que vous vueilliez aduouer pour bon Poëte, celuy qui s'endommagera par ses propres vers.|Non de vray: Car ce luy seroit vne grande simplesse. Et pourtant Socrates ie vous declare franchement ma pense: Que si vous y sçauez autre chose, ie vous supplie me communiquer par quel moyen, soit en faisant, soit en disant, on peut gaigner la bonne

grace

grace de ses Amours.| Cela n'est pas bien aisé à dire (respondis-ie) Mais si vous vouliez faire tant que celuy la s'en vinst deuiser icy auec moy, ie vous pourrois peut estre monstrer ce qu'il faudroit dire, au lieu de ce qu'on allegue que vous luy allez chantant & disant. Il n'est pas mal-aisé (me dit il): Car si vous entrez auec ce Ctesippus cy; & que vous estans assis discouriez, il s'approchera de luy mesme (ce croy ie bien) estant fort curieux d'apprendre. Et si il y a tout plein encore de ieunes enfans assemblez auecques luy pour celebrer la solemnité de Mercure: De sorte qu'il s'en viendra droit à vous: S'il ne le fait, il est fort priué auec Ctesippus pour l'amour de Menexenus son cousin germain, dont il est compaignō & amy vnique.| Qu'il l'appelle doncques, si d'auenture il ne vient de luy mesme.| Il en faudra faire en la sorte (dis-ie): Et quant & quant ayant pris Ctesippus par la main, ie le suiuis à ceste escolle d'exercice: Les autres y vindrent apres. Estans entrez, nous trouuasmes ces ieunes gēs qui auoient desia mis fin à leurs sacrifices: tous ornés au reste de chappeaux de fleurs en la teste & passoient le temps à iouer aux osselets; la pluspart en la cour au dehors: Quelques vns en vn coing de la gallerie ou l'on se despouille pour aller luitter, iouoient à pair & nō pair, tirans de ie nesçay quels petis cophins tout plein de ces osselets choisis. Les autres estoient autour d'eux à les regarder: Du nõbre desquels estoit Lysis, entre les ieunes garçons, & les adolescens; couronné d'vne belle guirlande, & surpassant tout le reste en beauté: Et non seulement beau de corps, mais d'esprit encore, & honeste à l'equipollent. Nous estans retirez viz à viz, prismes place où il y auoit du silence, deuisans les vns auecques les autres. Lysis au reste iettant à tous propos l'œil ça & là, nous regardoit attentiuement: Et monstroit assez d'auoir vn fort grãd desir de s'en venir aupres de nous; Mais il craignoit de s'approcher seul; & differa iusqu'à tant que Menexenus sortit du courtil auec les enfans. Lequel tout aussi tost qu'il m'eut veu auec Ctesippus, s'en vint asseoir aupres de nous. Lysis l'ayant apperceu, le suiuit soudain, & s'en alla prendre place contre Menexenus. Quelques autres s'approcherent encore. Mais quand Hippothales vit que plusieurs estoient là suruenuz; se couurãt d'eux comme d'vn ombrage, se retira où il ne pensoit pouuoir estre descouuert de Lysis; craignant de luy estre importun: & ainsi tout debout escoutoit. Alors me retournant vers Menexenus: Lequel de vous deux (fils de Demophon, vois ie dire) est le plus aagé? | Nous en sommes en doute, respõdit il. | Et n'estes vous pas aussi en doute qui est le plus genereux, Repliquay ie ? | Ouy de vray. | Et qui est le plus beau encore ? | Ils se prirent lors à soubsrire. | Lequel est le plus ri-

riche ie ne le vous veux pas demander, Car vous estes amis; n'estes pas?| Nous le sommes de vray, respondirent ils.| Or toutes choses sont communes entre les amis: Parquoy vous n'estes de rien differens en celà; si aumoins ce que vous dittes de vostre amitié est vray.| Ils l'accorderent.| Et comme ie fusse apres à leur demander lequel estoit le plus iuste, & le plus sage, suruint vn quidam là dessus qui appella Menexenus; luy disant, que le maistre de l'Escolle le demandoit. Cestuicy au reste me sembla estre sacrificateur; parquoy Menexenus s'en alla. Alors i'interroge Lysis en ces termes. Vostre pere & vostre mere (Lysis) ne vous ayment ils pas?| Mais beaucoup, ce dit il.| Et ne voudroient ils que vous fussiez bien heureux?| Pourquoy non?| Cestuila vous semble il bien heureux qui sert, & qui n'a liberté de rien faire de ce qu'il desire?| Non certes, dit il.| Mais si vostre pere & mere vous ayment, & desirent que vous soyez bien heureux, ils feront tout ce qui leur sera possible en ce monde à ce que vous puissiez viure heureusement.| Qu'est ce qui empesche qu'il ne soit ainsi?| Vous permettent ils doncques de faire tout ce que vous voulez, sans vous tanser ne contredire en rien que ce soit?| Si font de verité, Socrates, & m'en engardent.| Comment est ce que vous dittes celà? Ils vous souhaittent bien heureux,

& neantmoins vous empeschent vostre desir. Respondez moy vn peu à cecy. Si vous vouliez aller à l'esbat dans le chariot de vostre Pere, & prendre les resnes en main quand il le fait courre le ieu de pris; vous le permettroit il sans vous l'empescher ny le contredire?| Non de vray.| A qui dnoques est ce qu'il commettroit ceste charge?| Il a vn conducteur tout expres à ses gages.| Comment dittes vous? Qu'ils permettront plustost à vn mercenaire sallarié d'eux la puissance sur leurs cheuaux, pour en faire comme il vouldra, que nompas à vous; Et si luy donneront encore pour ceste occasion de l'argent?| Pourquoy non respond il?| Mais peult estre qu'ils vous permettront le gouuernement des mullets de lictiere, Pour leur donner des coups de foüet à vostre plaisir?| Et à quel propos me le permettroient ils?| N'est il doncques permis de les battre à personne?| Si est dea; au mulletier c'est assauoir.| Serf, ou personne libre?| Serf.| Ils font doncques plus de cas à ce que ie veoy d'vn esclaue que de vous, qui estes leur fils; luy commettent plus tost leurs affaires entre les mains, que nompas à vous; & l'endurent faire ce qu'il luy plaist: La où ils vous en empeschent. Mais respondez moy encore à cecy. Vous permettent ils de vous gouuerner & conduire vous mesmes?| Et à cause dequoy me le permettroiẽt ils?| N'y a il doncques personne qui vous gouuerne?|

uerne ?| Mon Pedagogue.|Eſt il ſerf auſſi celuyla?| Si eſt, & le noſtre.| N'eſt ce pas doncques choſe bien dure qu'vne perſonne libre ſoit aſſubiettie à vn ſerf ?| Mais qu'eſt ce que fait ce pedagogue qui vous gouuerne ?| Il me meine à l'eſcole.|Ces maiſtres d'eſcole vous cõmandent ils auſſi?|Totallement.|VoſtrePere vous a donques de ſon propre motif donné beaucoup de maiſtres & ſuperieurs ? Mais quand vous eſtes de retour au logis, voſtre mere vous permet elle de faire tout ce qui vous vient en fantaſie, autour de ſes ouurages de laine ou de lingerie; affin que vous ſoyez bien heureux? Car elle ne vous empeſche pas de manier à voſtre vouloir la nauette, les Lames & autres inſtrumens propres à faire les draps & les toiles.|Luy alors en ſe ſoubſriant. En bonne foy Socrates non ſeulement elle me le deffendroit, mais me battroit encore, ſi ie m'ingerois d'y mettre la main.| Hercules (voy ie dire) auezvous fait quelque offence ſi grande à voz pere mere ? |Nulle de vray.|Et pourquoy donques vous contrarient ils ainſi rudement d'eſtre heureux,& que vous ne faittes tout à voſtre vouloir; ains vous nourriſſent & inſtituent de ſorte que vous eſtes inceſſamment ſoubs la ſubiection de quelqu'vn? Somme que pour le dire en vn mot, vous ne faittes rien que ce ſoit de ce que vous deſirez: Et par ainſi ne vous prouient aucune vtilité de ces grands biens & richesses dont vous abondez; ains les autres y ont plus de puissance que vous. Et si vous ne sentez nomplus emolument quelconque de ce noble & excellẽt corps; puis qu'vn autre en a le soing: & n'auez quant à vous en nul lieu aucune puissance; ne faisant rien de ce qui vous reuient plus à gré.| L'aage ne me le permet pas encore, Socrates.|Prenez garde que ce ne soit la moindre chose qui vous empesche de ioyr de vostre vouloir: Car pour le regard de l'aage, selon que ie croy, vostre Pere & vostre mere vous lairroient bien plaine & entiere puissance: & ne fondent pas la dessus leur retardement d'attendre que vous soyez plus aagé. Car quant ils veulent faire lire quelque chose où escrire, ils vous donneront plus tost ceste charge qu'à persone de la maison.| Certes si font.| Et en escriuant vous est il permis de mettre telle lettre la premiere que vous voulez, & telle qu'il vous plaist la seconde? Quand aussi vous prenez vostre Harpe, ils n'empeschent pas (ce pensay ie) que vous ne montiez & redeualliez à vostre appetit telle chorde que bõ vous semble: Que vous ne chantiez & ioüez des doigts.|Non deuray.|Pourquoy est ce doncques Lysis qu'en ces choses cy ils vous laissent faire, & es dessusdittes ils vous en engardent?|Pource que ie m'entens en ces cy, & es autres non.|Ie le veux. Doncques mon Lysis

vo-

vostre Pere n'attend pas que vous ayez atteint plus grand aage pour vous octroyer vne liberté: Car tout aussi tost qu'il verra que vous serez deuenu plus sage & discret que luy; alors il vous remettra tout ce qu'il a; voz actions; & vous mesme à vous mesme. | Ie l'espere ainsi. | A la bonne heure. | Et voz voisins ne se gouuernent ils pas de la propre sorte que fait vostre pere enuers vous? | Estimez vous que tous tant qu'ils sont ne vous baillẽt pas volontiers la conduite de leur mesnage, quant il penserõt que vous y serez plus expert & pratique qu'eux; ou s'ils le voudront gouuerner eux mesmes? | Ie pense que si. | Doutez vo⁹ qu'en cas pareil les Atheniens ne vous mettent entre les mains le maniment de leurs affaires, lors qu'ils cognoistront que vous serez deuenu tressage & prudent? | Ie n'en fay point de doute. | Et du grand Roy de Perse? Assauoir mon s'il permettroit à son fils aisné, qui doit vn iour succeder à tout l'Empire de l'Asie, d'assaisonner quelque saulse ou potage à sa fantasie plustost qu'à nous; si nous luy faisons veoir par experience que nous sommes trop meilleurs cuysiniers que son fils? | A no⁹ de vray. | Et ne l'endureroit pas mettre vn seul grain de sel dans le pot; Si feroit bien à nous, Voire beaucoup. | Pourquoy non? | Si son fils auoit mal aux yeux; Assauoir s'il les luy permettroit de toucher, ou s'il l'en empescheroit; si l'opinion du medecin le portoit ainsi? | Il l'en empescheroit à la verité.| Et de nous; aumoins s'il nous tenoit pour bons medecins, il n'y contrediroit pas; Encore que nous voulussions luy ietter de la cendre dedans; estimant que nous ferions bien, s'il pensoit que nous fussions sçauans en la medecine.|Vous dittes vray.|De toutes autres choses aussi il s'en fieroit plustost à nous, ny qu'à soymesme, ny qu'à son fils; enquoy il estimeroit que nous fussions plus sages & suffisans qu'eux.| Celà est de necessité Socrates.|Ouy Lysis, la chose va ainsi que vous dittes: Car ce en quoy nous sommes congnoissans & expers; chacun nous le concedera de bon cœur; tant Grecs qu'Estrangiers; tant les hommes, comme les femmes: Et en ferons à nostre appetit, sans que personne nous contredise que nous n'y vsions de toute authorité & puissance. Que si lon nous octroie ces choses, à bon droit elles serōt nostres; là où personne ne nous permettra de faire à nostre simple gré & vouloir en ce que nous ignorons, ains tous s'y opposeront de leur effort & puissance; non seulement les estrangiers, mais nos pere & mere; & s'il y a encore rien qui nous puisse estre de plus proche: si bien que nous serons subiets aux autres en cela; & n'en rapporterons aucune vtilité: cōme de ce qui est estranger de nous. Ne l'accordez vous pas ainsi?|Ie l'accorde de vray. Serons nous doncques amis de quelqu'vn; Et quelqu'vn nous pourra-il aymer en

cela

cela? ou nous serõs du tout inutiles?|Iamais.|Par ainsi ne vostre pere ne vous aimera point; ny autre que ce soit aucun autre, entant qu'il est inutile.|Ie croy que non.|Au moyẽ dequoy mon enfant, si vous venez à estre sage, vn chacun vous sera parent & amy; car vous serez vtile & bon. Autrement, ny quelqu'vn qui ne vous soit rien; ne vostre pere & mere propres; ny autres vos plus proches parens ne vous seront point amis. Personne au reste se peut il glorifier d'estre sage, en ce ou il ne sçait encore rien?|Et commẽt se pourroit il faire?| Si vous auez besoing d'vn precepteur, vous n'estes pas doncques encore sçauant.| Non de vray.| Vous ne pouuez pas doncques vous glorifier d'estre sage, si vous ne sçauez rien du tout.| Non certes comme il mẽ le semble.|Cela oy, ie iectay l'œil sur Hippothales; & peu s'en fallut que ie ne luy fisse vn grãd tort; car il me vint en penser de luy dire: O Hippothales, voila comme il faut discourir auec les adolescens, en les humiliant, & rabaissant leur orgueil: & non en les enflant de vaine gloire & arrogance; & les effeminant de flatteuses delices. Mais comme ie l'apperceus tout perplex & troublé de mon dire; ie pensay qu'encore qu'il fust là present, il se vouloit neantmoins cacher de Lysis; parquoy ie me retins de parler; & ne passay outre. Cependant Menexenus estant de retour s'en alla seoir pres de Lysis, d'où il s'estoit leué auparauant. Alors Lysis en paroles fort amiables me vient saccouter à l'oreille, de pœur que Menexenus l'entendist: O Socrates, ce que vous me venez de dire, ie vous prie de grace le reiterer à Menexenus. | Dittes le luy vous mesmes Lysis, respondis-ie; car vous m'auez assez attentiuement escoutté. | Attentiuement de vray, respond il. | Mettez doncques peine de vous en souuenir exactement, affin que vous le luy puissiez reciter poinct par poinct bien au net. Que si d'auenture quelque chose vous est eschappee de la memoire, vous me la redemanderez derechef la premiere fois que vous me verrez. | I'y mettray peine, asseurez vous en Socrates, me va il respondre. Mais à tout le moins dittes luy quelque autre chose de nouueau, affin que ie l'oye; iusques à tant qu'il soit heure de nous en retourner au logis. | Il le faut ainsi faire, luy disie, mesmement puis que vous l'ordonnez. Neãtmoins aduisez vn peu ie vous prie, cõmẽt vous me pourrez secourir, si d'auãture Menexenus se met en deuoir de me cõtredire. Ne sçauez vous pas bien que c'est vn grand debateur? | Ouy de vray; parquoy ie desire singulierement de vous veoir disputer ensemble. | Affin paraduenture qu'on se rie de moy? | Cela non; mais à ce que vous le domptiez vn peu, & le chastiez. | Comment cela? ce n'est pas chose bien aisee; car il est vehement & facond, ce disciple de Ctesippus;

le-

lequel mesme cõme vous voiez, est icy auec luy.| Ne vous en chaille Socrates; attachez le seulement de dispute.| Ie le veux bien.| Or comme nous deuisiõs en la sorte: Et pourquoy deuorez vous ainsi ces beaux discours entre vous (dit lors Ctesippus) que ne nous en faites vous au moins quelque part?| I'en suis bien content, respondis-ie; Mais cestuicy n'entend pas bien ce que ie dis: & pense que Menexenus ait ceste opinion de l'entendre; pourtant il veut que ie l'en interroge.| Pourquoy donc ne le faites vous?| Ie m'y en vois tout de ce pas.| Dites moy ie vous prie, ô Menexenus, ce que ie vous veux demander: pource que des le berceau est nee auec moy vne certaine conuoitise de posseder ie ne sçay quoy; comme l'vn desire vne chose, l'autre vne autre: Car tel est qui desire auoir des cheuaux; l'autre des chiens; l'autre de l'or; l'autre des honneurs: Mais de tout cela ie ne m'en donne pas fort grãd peine; ains brusle d'vn desir d'acquerir des Amis. Tellemẽt que i'aimerois mieux auoir vn bon Amy, qu'vne caille tresexcellẽte: ou vn coq courageux; voire qu'vn cheual, ny qu'vn chien. Et par le chien (iureray ie) ie choisirois plustost vn loyal Amy que d'attraper tout l'or du Roy Darius; ny que de prendre Darius mesme: Tant ie suis conuoiteux d'Amitié. Quand doncques ie prens garde à vous & Lysis, ie demeure certes tout estonné; & vous repute bien-heureux; qu'estants encores en si bas aage, vous ayez

Le Chien l'vn des anciens Dieux d'Egypte.

neantmoins acquis vn tel bien ainsi en brief & facilement ; rendu iceluy affectionné enuers vous ; & que luy vous aime reciproquement. Ce qui se retreuue si esloigné de moy, que mesme ie ne sçay pas bõnement comme il fault que quelqu'vn vienne à se rendre amy d'vn autre. Parquoy ie le sçaurois volontiers de vous comme expert en semblables choses: Et vous prie de me le dire. Quand quelqu'vn ayme vn autre, lequel des deux doibt estre appellé l'Amy; ou l'Aymant, ou l'Aymé: ou s'il n'y a point de difference?|Point ce me semble|Que dittes vous, repliquay-ie?| Deuiennent ils tous deux mutuels amis, si l'vn seulement ayme l'autre?| C'est mon opinion.| Et quoy, ne fault-il pas que celuy là qui aime, soit aimé reciproquement de celuy qu'il aime?|Il le fault de vray .| N'aduient il pas ordinairement que celuy qui aime soit hay au lieu d'estre aimé ; ce que nous voyons aduenir quelquesfois aux Amans à l'endroit de la chose aimee. Car encores qu'ils aiment tres-ardemment, si ne sont ils pas pour cela le plus souuent contr'aimez ; ains par fois mal-voulus encores. Ne vous semble il pas que ie die vray?|Tresquevray.|Et de ceux cy ; cestuy cy n'aime il pas? cestuy là n'est il pas aimé?|ouy certes.|Lequel dõcques est Amy de l'autre; ou l'Aimant de l'Aimé, soit qu'on le contr'aime, ou qu'on le haïsse; ou l'Aimé de l'Aimant; ou que pas vn d'eux n'aime l'autre, l'autre, quandils n'aiment point tous deux reciproquement ?| Ie cuide qu'il ſoit ainſi. |Nous ſommes doncques maintenant d'vne autre opinion que n'agueres : Car il nous ſembloit là, qu'encore qu'il n'y en euſt qu'vn qui aymaſt ; tous deux ne laiſſent pas pourtant d'eſtre amis : Mais icy au contraire ; ſi tous deux ne ſ'entr'aiment reciproquement ; l'vn ny l'autre ne doibt eſtre appellé Amy. |Il le ſemble.| Rien doncques ne peult eſtre amy à celuy qui aime, ſ'il ne luy correſpond d'Amitié.| Non à mon opinion.| Au moyen dequoy ceux n'aimeront point les cheuaux, que les cheuaux n'aiment mutuellement : Ne des cailles nomplus : des chiens ; du vin ; de l'exercice ; ny de la ſapience ; ſi elle de ſa part ne les aime. Car chacun aime ces choſes là : Et toutesfois elles n'aiment pas : Tellement que le Poëte auroit mal parlé à ce compte quand il dict.

Heureux celuy qui a de beaux enfans,
Et des cheuaux aux courſes triomphans :
Des chiens außi dont le nez iamais n'erre :
Et vn amy venant d'eſtrange terre.

Il ne me le ſemble pas toutesfois.|Penſez vous qu'il die verité ?| Ouy.|Doncques ce qui eſt aimé eſt amy à l'Aimant ; comme on void tout appert ô Menexenus : ſoit qu'il aime, ſoit qu'il hayſſe : Comme les ieunes enfans, qui en partie n'aiment point encore; partie haïssent quand la mere ou le pere les chastient : Et au temps mesmement qu'ils se despitent le plus fort contre ceux qui les ont engendrez, c'est alors qu'ils sont tenus d'eux les plus chers de to⁹.| Ie le croy ainsi.| Celuy doncques qui aime n'est pas l'Amy, par ceste ratiocination vostre; ains celuy qui est aimé.|Il me le semble.|Et celuy qui est hay sera l'ennemy, non celuy qui hayst.| Il est en la sorte |Plusieurs donques sont aimez de leurs ennemis, & mal-voulus de leurs amis: Et sont amis de quelques leurs Ennemis; & Ennemis d'aucũs leurs Amis; si ce qui est Aimé est l'Amy, & nompas ce qui aime. Mais quelle grande impertinence & absurdité seroit celle là; voire chose du tout impossible; d'estre Ennemy de son Amy; & Amy de son Ennemy?|Ie pense que vous dittes vray Socrates.| Si doncques cela ne se peut faire aucunement; il s'ensuit que l'Aimãt soit l'Amy de la chose Aimee.|Il y a apparence| Et en semblable; ce qui a en hayne; Ennemy de ce qu'il haist.| Necessairement.| Il nous faudra doncques conceder à ceste heure le mesme que nous auons fait cy dessus; Que souuentesfois quelque chose soit Amie de ce qui n'est point Amy; ains le plus souuent Ennemy; Quand ou quelqu'vn Aime ce qui n'aime point; ou aime mesme ce qui le haist: Et souuentesfois estre Ennemie de ce qui ne luy est point Ennemy, ou de de l'Amy propre; quand quelqu'vn ou ayme ce qui le haist, ou a en haine ce qui l'Aime.| Il est vray.| Que dirons nous donques, si ne les Aimans ne sont point Amis; ne les Aimez; ne les Aimans, & Aimez; car outre ceux la; nous n'en sçaurions plus trouuer d'autres qui s'entr'aiment reciproquement.| En bonne foy Socrates, ie ne sçaurois y rien comprendre.| Tout cecy dõques ô Menexenus, n'a il pas esté examiné de nous comme il fault?| Ie pense que si, respondit Lysis: Et soudain qu'il eut dit cela se prit à rougir; car il me sembloit auoir fuy outre son gré ce que ie disois, d'autant qu'il y prestoit l'oreille ainsi attentiuement: Et estoit fort aisé à veoir qu'il n'auoit pas faict ceste contenance quand il l'escouttoit. Mais pourautãt que i'eusse bien desiré que Menexenus se fust teu; ayant pris singulierement grand plaisir à la mode de philosopher de Lysis, i'addressay mon propos à luy; & l'arraisonnay en la sorte. Certes Lysis vous me semblez dire vray: Car si nous eussions bien pesé les choses susdittes, nous ne nous fussions pas extrauaguez ainsi. Ne nous opiniastrons point donques à poursuiure plus auant ceste routte; car telles considerations & disputes me semblent estre quelque chemin malaisé & facheux; ains faut que nous poursuiuiõs celuy là auquel nous no⁹ sommes desia enfournez à l'aide & secours des Poëtes, qui nous ſont comme Peres & conducteurs de la ſapience. Et ne dient certes point mal en parlant des Amis qu'ils acquierent: Neantmoins ils maintiennent que c'eſt Dieu qui fait les Amis, & les conduict les vns aux autres; car ils parlent ainſi, à mon opinion. DIEV ADDRESSE TOVSIOVRS

Οδυσσ. 17 ὡς αἰεὶ τὸν ὁμοῖον ἄγει θεὸς ὡς τὸν ὁμοῖον

LE SEMBLABLE AV SEMBLABLE; & le luy donne à cognoiſtre. Ne vous eſtes vous iamais rencontré ſur ces Carmes?| Si ay; & aux eſcrips pareillement des plus ſages hommes, ou ils afferment tout le meſme: Que le Semblable par neceſſité aime touſiours ſon Semblable. Ce ſont ceux au reſte qui ont diſcouru & eſcript de la nature de l'Vniuers.| Vous dittes vray.| Ne parlent ils doncques pas bien?|Peut eſtre.| Et ce peut eſtre en partie eſt vray; & parauenture totallement. Mais nous ne l'entendons point bien encore. Car nous voyons par experience, Que tāt plus le Mauuais hante le Mauuais, & tant plus il ſ'en accoſte & luy adhere; deuenir d'auantage ſon ennemy. Pource qu'ils ſ'entr'outragēt: & il n'eſt pas poſſible que ceux qui ſe font tort & iniure, & qui la reçoiuent, puiſſent eſtre iamais Amis. N'eſt il pas ainſi?| Ouy certes.| Par conſequent la moictié de la deſſuſdicte opinion ne ſera pas vraye; puis que les Meſchans ſont ſemblables entre eux.| De vray.| Mais il me ſemble qu'ils dient

aussi,

aussi, que les Bons se ressemblent & sont Amis; & que les Meschans, ainsi qu'on dit communement, ne sont iamais semblables à eux mesmes, ny l'vn à l'autre; ains tous hebetez, inconstans, & legiers. Car ce qui est dissemblable & discordant en soymesme, se rendra bien à tard semblable ny Amy à vn autre.|Ne le pẽsez vous pas en la sorte?|Si fais de vray.| Voila doncques trescher Lysis, ce que me semblent vouloir entendre obscurement ceux qui dient le Semblable aimer son Semblable: Asçauoir que le seul Bon, est amy du seul Bon. Et que le Mauuais ne vient iamais à vraye Amitié enuers le Bon ne le Mauuais.|Il l'accorda|Or nous sçauons donques maintenant quels sont les Amis; car la raison nous enseigne, que les gens de biẽ sont les vrais Amis.|Ie le pense aussi.|Mais voicy ce qui me fache; & voyez ie vous prie comme ie me doubte que la chose voise. Le Semblable entant qu'il ressemble à son Semblable, luy est Amy. Et le Tel est vtile à son Tel: mais plustost venons le à cõsiderer ainsi. Tout Semblable quelconque, à chaque Semblable sien, quel proffit ou dommage peut il apporter, qu'il ne l'apporte quant & quant à soymesme? Ou que peut il souffrir d'iceluy, qu'il ne le souffre aussi de soy mesme? Puis que doncques ces choses sont telles, qu'elles ne se peuuent entr'aider l'vne l'autre; de quelle maniere se pourroient elles reciproquement desirer?|En nulle sorte.| Ce qui ne desire & recherche, comment est-ce qu'il peult estre Amy?| Point du tout .| Mais le Semblable ne sera il point Amy du Semblable; ny le Bon au Bon entant qu'il est Bon , & non entant qu'il luy est semblable ?| Parauenture .| Et quoy; le Bon entant qu'il est Bon, ne doit il pas pour ceste cause suffire à soy mesme ?| Ouy .| Celuy qui suffist à soy mesme n'a besong de chose quelconque ; entant qu'il se suffist abondamment.|Pourquoy non? Qui n'a besoing de rien, ne desire rien.|Non de vray .| S'il ne desire rien, il n'aime point aussi. |Non.| Qui n'aime point, n'est point Amy .| Non à ce que ie veoy.| Comme doncques est ce que les Bons pourront estre Amis des Bons; lesquels mesmes estans absens ne se desirent point mutuellement , par ce que chacun apart soy se suffist; & presens, n'ont en rien besoin de leur ayde & secours reciproque? Comment est ce que telles gens peuuent faire grand cas l'vn de l'autre?| Nullement .|Or, Amis ne scauroient ils estre s'ils ne s'entr'estiment & prisent beaucoup .| Il est vray .| Considerez maintenant, ô Lysis , si nous ne serions point deceuz; Et que nous ne nous transportiōs point trop auant.|En quelle sorte?| I'ay ouy autrefois de quelqu'vn (car ie m'en souuiens bien encore) que le Semblable est fort aduersaire au Sem-

Semblable;Et les Bons ennemis au possible des Bons ; lequel s'aidoit en cela du tesmoignage d'Hesiode,ou il dit.

Le Pottier hait le Pottier: Le Feure le Charpentier:
Et le Chantre tout ainsi, Hait quiconque l'est aussi:
Mesme celuy qui mendie, Au mendiant porte enuie.

En toutes autres choses pareillement il estimoit estre force que le mesme aduinst: Et que celles qui estoient semblables fussent toutes parsemees d'enuie, d'emulation, & debat l'vne enuers l'autre: d'Amitié au contraire, les Dissemblables. Au reste que l'indigent par necessité se rend Amy de celuy qui est riche; Et le foible du fort; pour en tirer quelque secours: Le malade tout de mesme du medecin: Tout homme ignare, reuerer, honorer, & aymer le sçauant. Il entra puis apres en vn plus hault & magnifique propos: Que tant s'en failloit que le Semblable fust Amy du Semblable; que tout au rebours le plus Contraire estoit le principal Amy du Contraire. Car toute chose desire non son semblable, mais son contraire: Ainsi que le Sec, fait l'Humide; & le Froid, le Chauld; l'Amer, le Doux; le Pointu, le Mousse; le Vuide, le Replet; le Remply; la Vacuité: Et tout le reste en cas pareil. Car le Contraire nourrist son Contraire: la ou le Semblable ne peult iouyr, ne faire son profit de son Semblable.

Et à la verité mon Lysis, celuy me semble auoir esté homme fort subtil & facond, qui a enseigné telles choses. Et à vous quoy ?| Tresbien; respond Menexenus, à ce que i'en ay peu oyr.|Disons nous doncques que le Contraire est tresAmy de son Contraire ?|Ouy certes.|Soit ainsi, ô Menexenus. Mais cecy n'est il point vn peu dur & estrange? Car de plaine arriuee ces toutsçauans personnages icy propres, à contredire, & arguer, nous viendront attacher; & demanderont, si l'Amitié n'est pas du tout contraire à l'Inimitié ? Qu'est-ce que nous leur respondrons là dessus ? Ne serons nous pas contraints de leur aduouer qu'ils disent vray ?| Nous le ferons.| Diront ils que l'Ennemy soit Amy à l'Amy; où Amy de l'Ennemy?| Ny l'vn, ny l'autre.|Ou le Iuste à l'Iniuste; le Moderé au Dissolu; ou le Bon au Mauuais ?| Il ne me le semble pas.| Mais si selon la contrarieté quelque chose est Amie de l'autre; il fault que celles cy s'entraiment.| Il le fault de vray.| Parquoy ny le Semblable au Semblable; ne le Contraire au Contraire ne sera point Amy.|Non selon mon aduis.|Or sus venons à esplucher encore cecy, de pœur que ce que c'est au vray de l'Amy ne nous fuye; puis que ce n'est rien de tout ce que dessus; mais que ce qui n'est ny Bon ny Mauuais deuienne ainsi Amy du Bon.|Comment dittes vous celà?| A la verité ie ne sçay; Car le cerueau me boullonne

lonne d'irresolution,&vacille pour la difficulté de la chose. Pource qu'il semble suiuant le prouerbe ancien, que ce qui est beau soit l'Amy; d'autant qu'il paroist ie ne sçay quoy de mol, delicat, polly, & onctueux : Au moyen dequoy il se coulle bien facilement dedans nous; y gaigne pays peu à peu, & penetre comme vne chose douce & glissante. Ie dis au reste que le Bon est ce qui est beau : Et vous aussi ne l'aduouez vous pas?|Ouy.|A la verité comme en deuinant ie vous dis, que l'Amy du Bon & du Beau est ce qui n'est ny Bon ny Mauuais: Et à quelle fin ie deuine cecy escouttez le. Il me semble qu'il y ait quelques trois genres de choses. L'vn Bon, l'autre Mauuais, le troisiesme qui n'est ny Bon ny Mauuais. Et à vous quoy?|A moy aussi.| Que le Bon au reste n'est Amy du Bon; ny le Mauuais du Mauuais, cõme nostre discours la monstré cy dessus. Reste maintenant que si quelque chose est AMIE de l'autre ; que ce qui n'est ny BON ny Mauuais soit AMY, ou du Bon, ou de quelque autre chose qui luy ressemble: Car rien ne peult estre AMY du MAUUAIS.| Cela est vray.| Ny le Semblable au Semblable, ainsi que nous le disions n'agueres. N'est il pas ainsi?|Si est.| Amy doncques ne pourra estre à ce qui n'est Bon ny Mauuais, ce qui sera ie ne sçay quoy de Semblable à eux.| Il me le semble.| Parquoy ny le seul Bon, ny le seul Mauuais ne peult deuenir

Amy du seul Bon.| Il s'ensuit necessairement.| Par ainsi celà mes enfans a esté fort bien desduit de nous à ceste heure. Car si nous considerons vn corps sain; il n'a point besoing de la medecine; ny d'aucun remede ou secours; par ce qu'il est assez valide de soy: Tellement qu'aucune personne saine ne se rendra Amie du medecin par le moyen de sa santé.| Nulle de vray.| Si fera bien le malade (à mon aduis) à cause de sa maladie.| Pourquoy non?| Pour raison que la maladie est ie ne sçay quoy de Mauuais; & la medecine ie ne sçay quoy d'Vtile & de Bon.| Il est ainsi.| Le corps entant qu'il est corps n'est ny Bon ny Mauuais.| De vray.| Mais le corps pour raison de la maladie est contraint de rechercher & aimer la medecine.| Il le semble.| Ainsi celà qui n'est ny Bon ny Mauuais se rend Amy du Bon à cause de la presence du Mal.| Vray.| Et est bien certain que celà se fait deuant que le corps par l'interuenement du Mal deuienne vicié & Mauuais: Car il n'est pas deuenu Mauuais au lieu du Bon qu'il appete, & dont il est Amy: d'autant que nous auons monstré cy deuant estre impossible que le Mauuais puisse estre Amy du Bon.| Impossible à la verité.| Considerez bien ce que ie dis, ie vous prie: Car ie maintiens aucunes choses deuenir telles que ce qui s'introduit & assiste; & d'aucunes nõ: Tout ainsi que si quelqu'vn vouloit par vne couleur teindre & colorer quelque chose; la teinture aucunecunement assisteroit à ce qui est coloré.|Totalment.|Et la couleur qui y est introduitte ne cōtinue elle pas d'estre toute telle qu'elle souloit?|Ie n'entends point assez bien celà.|Vous le comprendrez mieux parauenture en la sorte: Voz cheueux qui sont blonds, si quelqu'vn venoit à les desguiser auec la ceruse, deuiendront ils blancs, ou s'ils le paroistront seulement?|Ils le paroistront.|Toutesfois la Blācheur y sera.|Ouy de vray.| Et seront blancs Encore; que ceste Blancheur y estant presente ils ne soient ny blancs ny noirs.|Vous dittes vray.|Mais quād la vieillesse leur aura introduit ceste couleur, & rendu chesnus tout à fait, alors ils deuiennēt tels que ce qui leur est present; blancs c'est assauoir pour la presence du BLANC.|Pourquoy non?| Or ie vous demande maintenant: Si quelque chose à qui ie ne sçay quoy de tel aduiēdra, ne deuient pas soudain toute telle que ce qui luy est present & assiste? Ou plus tost si luy assistant en certaine maniere, elle deuient telle, autrement non?|En ceste sorte plus tost.|Par mesme raison ce qui n'est ne BON ne MAUUAIS, quelquefois que le MAUUAIS luy sera present, ne sera pas encore MAUUAIS pour celà; Trop bien l'est il quant il l'est deuenu. Ouy de vray.| Quand doncques il n'est pas encore MAUUAIS nonobstant la presence du MAL; Ceste presence luy fait elle desirer le Bon? La ou la presence qui le rend mauuais le priue de ce desir, & de l'Amour du Bien, car il n'est plus Neutre, ains Mauuais: Et le Bon ne peult estre Amy du Mauuais. |Non de vray.| Pour ceste cause à ceux qui sont desia sages, nous disõs qu'ils n'ont plus besoin de philosopher, Dieux où hõmes que ceux la soient: Ny à ceux nomplus qui sont si peruertis & offusquez d'ignorance, qu'ils en sont deuenus meschans: Car nul ne doit philosopher qui soit mauuais, & du tout ignorant. Restent donques ceux esquels se trouue ce mal, assauoir l'ignorance; & neantmoins ne sont point totallement indoctes ny alienez d'esprit, mais recongnoissent fort bien d'ignorer ce qu'ils ne scauent pas; & pourtant philosophent, n'estans ny Bons ny Mauuais: Car les Mauuais ne philosophent point; ne les Bons aussi: D'autant que le Contraire au Contraire, & le Semblable au Semblable, nous sont apparuz cy dessus n'estre point Amis. vous en souuenez vous pas biẽ? |Si faisons.| Tellement que nous auons du tout trouué, ô Lysis & Menexenus, ce qui est Amy, & ce qui ne l'est pas: Car nous auons arresté celà estre & en l'Ame, & au corps, & par tout; que ce qui n'est ny Mauuais, ny Bon, à cause de la presence du mal deuient amy du Bon. Ils m'accorderẽt tout cela, dont ie fus fort ioyeux, ny plus ny moins que quelque chasseur, estant venu à bout selon mon souhait de ce que ie pretendois. Mais la dessus ie ne sçay comment vn tresimpertinẽt scrupule me vint trauerser l'esprit, quasi que ce que nous auions accordé desia fust moins veritable & certain; dont ie tout partroublé leur vois dire. Ho ho Lysis & Menexenus, il y a danger que ce que nous pensons auoir obtenu, ne soit qu'vn beau songe à la fin. |Et qui est la cause principalle de ce (respond Menexenus)?| Ie crains que tout ainsi qu'en des hommes vains & piaffeux, nous ne nous soyons rencontrez en des discours de l'Amy qui soient faulx.| Comment cela?| Examinons les en la sorte. Assauoir mon si l'Amy est Amy de quelqu'vn, ou non?| Necessairement.| Pour cause de rien, & pour rien; ou pour raison de quelque chose, & pour quelque chose?| Pour raison de quelque chose, & pour quelque chose.| Et ceste chose pour laquelle quelqu'vn est Amy de l'autre; est elle Amie, ou non Amie ny Ennemie?| Ie ne le comprends point assez bien.| A bon droit certes. Mais peut estre que vous le cõprendrez mieux ainsi; ou plustost moy comme ie pense, entendray mieux ce que ie veux dire. Nous auons n'aguere arresté le malade estre l'Amy du Medecin. N'est il pas ainsi?|Ouy.|N'est ce pas pour raison de la Maladie, & pour l'amour de la Santé, qu'il est Amy du medecin?| Si est.| La Maladie est ce Mal?| Pourquoy non?| Et la Santé quoy? Est ce Bien ou Mal, ou ny l'vn n'y l'autre?|

Bien.| Mais nous disons ce me semble, que le corps n'est ny Bon n'y Mauuais pour raison de la Maladie: Neãtmoins pour raison du Mal il est Amy de la medecine. Que la medecine au reste est vn Bien; laquelle pour cause de la Santé trouue de l'Amitié & respect: Car la Santé est chose bonne. N'est il pas ainsi?|Certainement.|La Santé doncques est ce ie ne sçay quoy d'Amy, ou Non-amy?| Amy.| Et la Maladie, Ennemy?|Du tout.| A ce compte, ce qui n'est ny Bon ne Mauuais, pour raison du Mal, & de l'Ennemy est Amy du Bon, pour raison de ce Bon & Amy.| Il est certain |Doncques ce qui est Amy pour l'amour de l'Amy, pour cause de l'Ennemy, est Amy.|Il est à croire.|Et pourtant l'Amy, pour raison de l'Amy, & de l'Ennemy, est Amy.| Il le semble.|Soit ainsi. Mais puis que nous en sommes venus iusques là ô enfans; considerons vn peu plus attentiuement si d'aduenture nous ne nous abuserions point. En premier lieu ie ne me veux pas arrester à ce que nous auons monstré cy dessus, estre impossible que ce qui est Amy se face Amy de l'Amy, ne le Semblable du Semblable: mais prenons garde que ce que nous disiõs maintenant ne nous trompe. N'auons nous pas dit que la medecine est Amie pour cause de la Santé?| Nous l'auons dict.|La Santé n'estce pas vne chose Amie?| Totallement.| Si Amie, c'est pour raison de quelque chose.| Si eſt.| Et Amie de quelque choſe; ſi vous voulez adherer à ce qui a eſté accordé cy deuant.| Il eſt ainſi. Ceſt Amy ne ſera il pas pour raiſon de l'Amy?| Il le ſera.| Il eſt donc neceſſaire que procedans par ceſte voye nous arriuions en fin à quelque principe qui ne ſe referera point à vn autre Amy; mais à ce qui eſt Amy primitiuemẽt, & pour l'Amour duquel nous diſons toutes autres choſes eſtre Amies.| Il eſt neceſſaire |Et c'eſt ce que ie diſois;. Qu'il nous faut prendre garde que toutes les autres choſes, leſquelles pour raiſon de luy nous maintenons eſtre Amies, ne nous deçoiuent, comme quelques fantoſmes & ſimulachres: & que ce premier là ne ſoit reellement le premier Amy: De fait venons le à examiner en ceſte ſorte. Ce que quelqu'vn eſtime & tient cher, (comme le pere ſon enfant quelques fois) il le met deuant tous ſes autres biens, facultez, & cheuãces. Et vn tel homme à cauſe qu'il aime & priſe ſon fils, tient cheres auſſi & eſtime quelques autres choſes pour l'amour de luy. Comme pour exemple: S'il le ſçait auoir beu de la cigue, il priſera le vin beaucoup, pour l'eſperance qu'il aura de le ſauuer de ce poiſon moyennant du vin. | Pourquoy non ?| N'eſtimera il pas auſſi la bouteille ou eſt le vin? Si fera.| Priſera il doncques lors vn hanap de terre, ou trois verres de vin plus que ſon fils? ou ſi la choſe va ainſi; que tout ce ſoin & eſtude ne ſ'addreſſe pas à des choſes qu'on embraſſe pour raiſon d'vn autre; mais tend à celuy-la ſeulement pour l'Amour duquel on cherche le reſte. Et n'eſt pas veritable ce que ſouuentesfois nous diſons, d'eſtimer beaucoup l'or & l'argent: Car tout le compte que nous en faiſons, regarde à cela ſeul pour cauſe duquel nous nous mettons en deuoir d'amaſſer le reſte. Ne l'adouerons nous pas ainſi?|Ouy de vray. Car tout ce que nous auons dit eſtre aimé de nous pour raiſon d'vne choſe amie, nous l'auons ainſi appellé d'vn mot impropre: d'autant que cela ſeul ſemble eſtre le vray & reel amy, à quoy tendent toutes ces Amitiez (qu'on appelle) comme au dernier but ou elles aſpirent.|Il le ſemble ainſi.| Au moyen dequoy ce qui eſt Amy de L'ESTANT, n'eſt point Amy pour raiſon de rien Amy que ce ſoit. |Il eſt vray.|Cecy eſt doncques conuaincu & redargué, l'Amy eſtre Amy du Non-amy pour raiſon de ie ne ſçay quoy d'Amy. Mais le Bon n'eſt il pas Amy?| Ie penſe que ſi. | Et ayme l'on le Bon pour raiſon du Mal?|Non.| Ainſi va l'affaire. Si des trois que nous auons dit, le Bon, le Mauuais, & le Neutre; on en prend les deux: & qu'on en mette le Mauuais dehors, ſans qu'il touche au corps, ny à l'Ame; ny autre choſe que ce ſoit de celles que nous auons dit n'eſtre de ſoy ny bonnes ny mauuaiſes; le Bon en ce cas ne nous seroit il pas sans vtilité ne proffit? Car si rien ne nous pouuoit offenser, nous n'aurions que faire de la faueur & secours d'aucun Bien. Et ainsi seroit manifeste, que pour cause du Mal nous aurions cherché & aimé le Bien: Comme si le Bien estoit le remede du Mal; & le Mal fust la maladie. Que s'il n'y auoit point de maladie, nous n'aurions que faire de medecine. Le Bien donques a il esté ainsi estably de Nature, qu'il soit aimé de nous pour raison du Mal; qui sommes constituez comme moyens entre le Bien & le Mal; & que de soy il ne nous serue de rien?| Il le sẽble ainsi.|C'est Aimable doncques, auquel toutes choses amies se viennent rapporter comme à vn but; selon que nous auons dit cy dessus ces choses estre Amies pour raison de ie ne sçay quoy d'autre Amy; n'a aucune conformité auec elles: Car nous les auons appellees amies pour cause de ce qui est Amy. Mais ce qui est vrayement Amy, semble du tout estre de nature contraire: Car l'Amy nous est apparu estre tel pour cause de l'Ennemy: lequel s'il estoit absent, l'Amy ne nous seroit plus Amy.|Non, ainsi que ceste raison me le monstre.|Mais dittes moy vn peu ie vous prie; si le Mal estoit du tout assoupy & esteint, y auroit il ny faim aucune, ny autre telle incommodité plus de reste? Ou s'il y auroit quelque faim encore tant qu'il y auroit des hommes & autres animaux, nom-point nuisibles toutesfois? Et la soif, ensemble to⁹ autres appetits, non malins toutesfois; si le mal estoit aboly du tout? Ou si c'est vne question friuole digne de moquerie & risee d'enquerir si celà aduiendroit, ou non? Car qui est celuy qui en a eu cognoissance? Et toutesfois nous sçauõs que celuy qui a faim, ores est offensé de celà; ores en reçoit du soulagemẽt. N'est il pas vray?| Il est ainsi.|Et celuy qui a soif: Pareillement qui appete mainte autre chose semblable, ne les desire il pas aucunesfois pour son proffict, aucunesfois pour son grief & nuisance; Par fois aussi ne pour l'vn ne pour l'autre?|Si fait devray.|Si dõ que les maux sont exterminez; les choses qui ne sont point autrement Mauuaises, par mesme moyen ne se perdront elles pas auecq eux?| Nenny.|Il y aura donques des desirs ny bons ny Mauuais; encore que les maux soient du tout bannis & ostez.|Il le semble.|Se peut il faire que celuy qui desire & aime quelque chose, ne l'aime & ne la desire?|Non à mon aduis.|Au moyen dequoy les maux estans ostez, il semble que quelques choses resteront Amies.|Ouy.|Que si le Mal estoit cause que l'vn fust Amy de l'autre; le Mal osté il n'y auroit plus rien d'Amy: Car la cause ostee il est impossible que ce dont elle estoit cause puisse plus consister.| Vous dittes bien. |N'auons nous pas accordé entre nous

que

que ce qui est Amy, aime quelque chose, & pour quelque fin: & que pour cause du Mal, ce qui n'est de soy ny Bon ny Mauuais aime le Bon ?|Il est ainsi.| Mais maintenant il semble qu'il y ait certaine autre cause pourquoy l'on aime, & est aimé.|Si a.|Le desir, ainsi que nous disions n'agueres, n'est il pas cause de l'Amitié? Et ce qui desire n'est il pas Amy de ceste chose qu'il desire, lors qu'il la desire? Mais ce que nous auons dit cy dessus estre Amy, n'est qu'vne vraye mocquerie & ioüet; à guise de quelque prolixe Poëme composé tout expres.| Il le semble.| Ce qui desire, conuoite ce dont il a besoing. N'est il pas ainsi?| Cela mesme.| L'indigent doncques est Amy de ce qui luy default.| Ie l'estime en la sorte.|Chaque chose a besoin de ce dont elle est priuee.| Pourquoy non?|Par ainsi l'Amour, l'Amitié, le desir, ô Menexenus, & Lysis, dependent de ce qui leur est Familier & Prochain.| Nous l'accordons.| Au moyen dequoy si vous vous entr'aimez l'vn l'autre, vous estes aucunement Prochains par nature.| Tres-fort, dirent-ils.| Et quiconques (Enfans) desire ou aime vn autre, il ne le desireroit ny ne l'aimeroit, s'il n'estoit Familier & Prochain à ce qu'il aime; ou selon l'Ame en general, ou selon vne accoustumance: ou selon les meurs &

les conditions, ou quelque autre habitude semblable. Menexenus l'accorda du tout: Mais Lysis se teut.|Et bien (dis-ie): Il novs est donques manifeste que par necessité nous aimons ce qui nous est proche & familier de nature.|Il le semble, respondit-il.| Si bien qu'il est force qu'vn non feint ne dissimulé Amant soit reciproquement aimé de ce qu'il aime.| A cela Lysis & Menexenus acquiescerent bien à peine: Et Hippothales tressaillant de ioye, changea de visage & couleur. Moy au reste voulant obseruer ce propos plus soigneusement, leur vois dire. Si ce Prochain & Familier differe du Semblable; nous à mon aduis ô Lysis & Menexenus, auons dit ce qui est de l'Amy: Que si le Semblable est vne mesme chose auec le Prochain, il ne sera pas bien aisé de refuter le propos tenu cy dessus; que le Non-semblable pour raison de la ressemblance soit inutile au Semblable: Mais ce seroit vne trop lourde faulte de consentir que ce qui est Amy soit inutile. Voulez vous donques, puis que nous nous sommes comme enyurez en nos discours; Que nous confessions & disions; Aultre chose estre le Prochain que nom-pas le Semblable?| Totallement.| Mettrons nous, que le Bon soit le Proche & le Familier de chacune chose; & le Mal estre ie ne sçay quoy d'Estrange: ou que le

Mal

Mal ſoit le Proche & Affin du Mal; Et le Bon du Bon ; & le Neutre finablement du Neutre ou Indifferend ?| Ils reſpondirent, qu il leur ſembloit en ceſte ſorte ; Que chaſque choſe fuſt le Proche & le Familier de chacune .| Derechef docques, mes beaux enfans, nous ſommes retombez ſur les meſmes erres & diſcours de l'Amitié, que nous auions reiettez du commencement: Que l'Iniuſte à l'Iniuſte; le Meſchant au Meſchant, ne ſera moins Amy que le Bon au Bon.|Il le ſemble ainſi.| Mais quoy ? Dirons nous que le Bon & le Propre ſoient vne meſme choſe ; où ie ne ſcay quoy d'Autre & de differend ; & qu'il n'y ait que le Bon qui ſoit Amy du Bon?|Totallement.|Neantmoins nous penſions deſia auoir cõuaincu celà. Ne vous en ſouuenez vous point?| Si faiſons tresbien.| Qu'elle certitude & vtilité tirerons nous doncques de ce diſcours, ſi rien ne ſ'en afferme de reſolu & euident ? Au moyen dequoy ie vous prie, que nous venions à reſumer en vn ſommaire tout ce qui a eſté dit cy deſſus; ainſi que les experts & prudens perſonnages, ont accouſtumé de faire en leurs iugemens. Car ſi ne les Aymez, ne ceux qui aiment ; ne les Semblables, ne les Diſſemblables; ne les Bons, ne les Conformes de naturel ; Ne tout le reſte de ce que nous auons parcouru, pource qu'il ne m'en reſouuient pas guere bien à cauſe de la multitude: Si (dis-ie) rien de tout celà n'est l'Amy; Certes ie ne ſçay plus que dire. Par ces paroles, ie pẽſois prouoquer quelqu'vn des autres plus aagez à parler; Mais voila tout ſoudain ainſi que Demons, arriuer à la trauerſe les Pedagogues de Lyſis & Menexenus, amenans auec eux leurs freres; qui les appellent, & leur ordonnent de ſ'en retourner au logis, pource que la nuict approchoit.| Nous nous meiſmes d'arriuee à vouloir rechaſſer de parolles ces beaux Precepteurs: mais comme ils n'en tinſſent compte; ains tous courroucez & groumellans ie ne ſcay quoy de barbareſque, ne laiſſaſſent de ſolliciter les enfans de partir; Pource qu'auſſi bien ne nous paroiſſent ils pas auoir rien apporté pour offrir à ceſte ſolennité de Mercure; &pourtant eſtre contraints de quiter la place; Nous ſeparaſmes l'aſſemblee. Neãtmoins comme ils ſ'en alloient: Maintenant ô Lyſis & Menexenus (leur dis-ie) moy vieillard, & vous enfans, auons biẽ appreſté à rire: Car ceux qui ſ'en vont d'icy, pourront teſmoigner, comme nous tenans pour amis l'vn de l'autre, d'autant que ie me mets auſſi de ce nombre; nous n'auons neantmoins ſceu trouuer encore quelle choſe c'eſt que l'Amy.

FIN.

LE LAELIVS DE CICERON, OV DE L'AMITIE.

ARGVMENT.

CE TRAITTE *que Ciceron addresse à son tresgrand & singulier amy Pomponius Atticus, est par luy intitulé Lælius, ou de l'Amitié; que les Philosophes diffinissent pour vne certaine bienueillance contractee entre deux, ou plus grand nombre de personnes; appuiee non sur le besoin & necessité qu'on peult auoir les vns des autres, ains sur la seule vertu; sans laquelle nulle vraye Amitié ne peult estre; pour le moins durer longuement. Lælius est doncq' introduit icy desia vieil & ancien, discourant de ceste principale & plus recommandable partie de toute l'humaine Societé, à ses deux gendres Fannius, & Scæuola: Et prend son theme sur la demande qu'ils luy font, comme il s'estoit pu faire que Sulpitius, & Pompeius, l'vn Tribun du peuple, & l'autre Consul; de si grands Amis qu'ils estoient, vinssent à de si aigres piques & querelles l'vn contre l'autre. Il tire de la l'occasion de desduire tout plein de belles choses concernans l'Amitié; & en donner de seures reigles & preceptes: En monstrant par viues raisons que celle la ne fut ne bonne ne vraye, comme estant tresmal establie sur l'aide & faueur mutuelle qu'ils attendoient l'vn de l'autre, en des pratiques & menees pour paruenir à leurs intentions: la ou elle doibt regarder à la seule vertu de celuy à qui lon veult addresser sa beneuolence; & l'admirant, tascher de s'y rendre semblable: car elle ne peult auoir lieu sinon entre les preud'hommes & vertuex. Tellement que l'Amitié est inseparable de la vertu: A laquelle il nous ameine & conduit peu à peu d'vn tressouuerain artifice, comme s'il nous y tiroit par vn fil d'archal, moyennant le goust & apast qu'il nous en donne: & nous exhorte à les embrasser & cherir par vn mesme moyen toutes deux, comme les plus exquises & precieuses choses que Dieu ait octroyé à ses creatures.*

ENTREPARLEVRS,

C. LÆLIVS: Q. MVTIVS SCÆVOLA: ET C. FANNIVS.

PREFACE.

QVINTVS Mutius Scæuola, celuy qui estoit Augure, soulloit racompter plusieurs choses par cueur, & fort plaisamment, de C. Lælius son Beaupere, sans faire difficulté de l'appeller à tous propos homme tressage. Et moy ayant desia pris la grand'-robbe, auois esté mené par mon pere à Scæuola, auec commandemẽt tresexpres de ne bouger des costez de ce bon vieillard tant que ie pourrois, & me seroit loisible de ce faire. Au moyen dequoy i'aprenois par cueur tout plein de beaux traits discouruz de luy prudemment; Beaucoup de choses aussi dittes briefuement & fort à propos; Et me parforçois deuenir par sa prudence plus scauant. Apres qu'il fut deceddé, ie me retiray deuers Scæuola le Pontife; lequel tout seul de nostre ville i'ose bien dire estre le plus excellent en industrie & bonté d'esprit; mais nous en parlerons vne autrefois. Ie retourne maintenant à l'Augure, lequel comme il racomptast ordinairement plusieurs choses; ie me resouuiens que luy

luy estant assis en sa maison selon sa coustume, dans vne gallerie basse faitte à demy rond; moy present auec bien peu de ses plus priuez amis estre tombé sur ce propos qui estoit lors à plusieurs en la bouche. Car vous vous souuenez biẽ comme ie croy (Atticus) & dautant meilleure memoire en deuez vous auoir, que vous soulliez fort hanter auec P. Sulpitius; quand luy estant Tribun du peuple discordoit d'vne si mortelle rancune auec Q. Pompeius Consul en la mesme saison; nonobstant qu'ils eussent autrefois vescu fort amiablement par-ensemble; combien grande en estoit ou ladmiration, ou complainte des hommes. Tellement que Scœuola venãt à tomber sur ce mesme propos, nous declara le deuis qu'eut Lælius touchant l'Amitié auec luy, & son autre gendre C Fannius fils de Marcus, peu de iours apres la mort de l'Affricain. De laquelle disputte i'ay retenu par cueur les principaux points, que i'ay desduits à ma fantasie, & traittez en ce liure: ou ie les introduits comme parlãs, pour euiter d'y entremesler trop souuent; Ie dis: Il dit. Et ay fait celà tout expres, affin qu'il semble qu'eux deuisent icy deuant nous, tout ainsi que s'ils y estoient en personne. Car m'aiãt plusieurs fois recherché d'escrire quelque chose de l'Amitié; ce subiet m'a semblé fort digne d'estre congneu d'vn chacun; & de la familiere accointance que nous auons l'vn auec l'autre.

Au moyen dequoy ie l'ay fait non enuiz, & afin qu'à vostre priere ie peusse proffiter à plusieurs. Mais tout ainsi que i'en ay vsé au grand Caton, lequel ie vous ay desdié traitant de la vieillesse, ou ie l'ay introduit disputtāt; Pource que de nul autre quelcōque le personnage ne me sēbloit pouuoir estre plus propre à parler de cest aage, que de celuy qui auoit esté treslonguement vieil, & en son arriere saison frais & gaillard sur tous autres. En semblable comme nous ayons entendu de noz ayeulx, la premiere accointance de C. Lælius auec P. Scipiō auoir esté fort memorable, le personnage d'iceluy Lælius m'a semblé merueilleusement à propos pour deuiser de l'Amitié: Cela mesme q̄ Scæuola racontoit auoir esté discouru par luy. Car ceste maniere icy de propos estāt fondee sur la dignité des anciens; & encore des plus nobles & signalez; semble auoir ie ne sçay comment plus grand poix. Parquoy en lisant mes propres escrits, ie me transporte par fois de sorte, que ie pense que c'est Caton qui parle & non moy. Mais tout ainsi que la, estant desormais sur l'aage, à vn vieillard i'ay escrit de vieillesse, de mesme fais-ie icy en ce liure, de l'Amitié, moy tres-amy à vn amy. Là catō a parlé, que persone ne se trouuoit lors plus aagé ny prudēt que luy: icy Lælius sage de vray, car il a esté reputé pour tel, & excellent en reputatiō d'Amitié, parle d'icelle. Mais ie desire que vous destornez quelque peu vostre en

tente

tente de moy, & faittes conte que c'est Lęlius qui parle. C. Fannius, & Q. Mutius apres la mort de l'Affriquain s'envienn ent pardeuers leur Beaupere: desquels procede le commancement du propos; A-quoy respond Lęlius: dont toute la dispute n'est que de l'Amitié, comme vous le cognoistrez vous mesmes en lisant. FANNIVS. Cela est bien vray Lælius, & ne s'est oncques trouué vn plus homme de bien que l'Affricain, ny plus renõmé: mais vous deuez croire que tous iettent les yeux sur vo⁹: seul ils vous nõment sage; & seul vous tiennẽt pour tel. On attribuoit le mesme à Caton; & sçauons aussi que L. Acilius auroit esté appellé sage par noz ancestres: mais to⁹ deux de ie ne sçay quelle autre maniere. Acilius pour ce qu'il monstroit estre fort sçauant au droit ciuil: Catõ pour auoir la cognoissance & vsage de beaucoup de choses; & que lon racõtoit tout plein de ses prudẽs aduis & au Senat, & en l'assemblee du peuple: Plusieurs beaux faits d'armes exploitez par luy magnanimemẽt, & des respõces fort subtiles: Au moiẽ dequoy il auroit aquis en sa viellesse presque le surnom de sage. Mais de vous on dit que vous l'estes de ie ne sçay quelle autre façon, nõ seulemẽt de nature & de meurs, mais d'estude & doctrine. Et nõ point selõ le vulgaire, ains cõme les gẽs de lettres ont de coustume d'appeller vn hõme sage, tel qu'il ne s'en trouuera point de pareil en toute la Grece. Car ceux qui recherchẽt cecy de pluspres, ne tiennent pas au reng des sages ceux qu'on soulloit appeller les Sept. Vn tãt seulement nous auons apris; & celuy la encore

Socrates.

par la responce d'Appollon, auoir esté iugé tressage. Or lon vous estime auoir ceste bonne partie entre autres, que vous vous proposez tous voz biens & richesses estre logez en vous mesme, & reputez les humains accidens estre inferieurs à vertu. De sorte qu'on s'enquiert de moy, & de ce Scæuola pareillement selon que ie pense, cõme cest que vous comportez la mort de l'Affricain: d'autant plus qu'à ces dernieres Nones, comme nous fussions allez aux Iardins de l'Augure D. Brutus, pour conferer ensemblement ainsi que de coustume, vous ne vous y trouuastes pas; encore que vous eussiez accoustumé fo t soigneusement d'y assister ce iour la, pour vacquer à l'exercice de vostre charge. SCÆVOLA. Tout plein de gens vous demandent de vray Lelius, comme Fannius vient de dire: Mais ie leur responds ce que i'en ay apperceu; Que l'ennuy que vous pouuez auoir conceu de la mort d'vn si grand personnage, & si fort vostre intime amy, vous le supportez moderement; conbien que vous n'ayez peu moins que d'en estre partroublé au possible, suiuant vostre accoustumee debonnaireté. Toutefois ce que vous ne vous trouuastes point à ces Nones passees en nostre college, vostre indisposition en auroit eſté cauſe, & non la triſteſſe. LAELIVS. Il eſt ainſi Scæuola; car ie ne me deuois pas à mon preiudice & dommage eſtranger de ce deuoir, auquel tant que i'ay eſté en ſanté ie me ſuis touſiours liberalement employé: Ny ne penſe pas que par accident quelconque cela peuſt arriuer à vn hõme cõſtãt, de faire aucune intermiſſiõ à la charge dont il eſt tenu. Mais vous Fannius qui alleguez qu'on m'attribue ce que ie ne voudrois ny accepter ny pourchaſſer; vous faittes de vray en Amy: Neantmoins à ce qu'il me ſemble vous ne iugez pas comme il fault de Caton: Car ou perſonne ne fut onques digne d'eſtre nommé ſage (ce que pluſtoſt ie croirois) ou ſi quelqu'vn l'a eſté; certes c'eſt luy. Car de quelle ſorte (pour laiſſer la les autres choſes) porta il la mort de ſon fils? I'auois bien oy parler de Paulus, & veu Caius; mais il ne les faut pas comparer à Caton, ſi grand & ſi eſprouué perſonnage. Gardez vous doncques de luy preferer meſme celuy la, qu'Apollon ſelon que vous dittes a iugé treſſage: Car on louë ſeulement ſes beaux dits; & de Caton les faits & geſtes. Pour mon regard, affin que ie m'addreſſe maintenant à vous deux, ſachez cela; que ſi ie nie de regretter Scipion; bien ou mal fait que ce ſoit à moy, ie m'en rapporte aux gẽs ſages; mais certes ie mentiray. Car ie ne puis ſinon eſtre touché d'vne iuſte douleur pour la perte d'vn tel Amy; dont ie ne pẽſe pas qu'il ſ'en puiſſe iamais recouurer de ſemblable: &comme ie le puis teſmoigner; il n'y en eut oncvn pareil. Toutefois ie n'ay point de beſoin de medecine: Ie me conſole moy meſme, & principalement de ce reconfort de me veoir exempt d'vn erreur dont beaucoup de perſonnes ſ'affligent par le decez de leurs amis: D'autant que ie ne penſe pas rien de mauuais eſtre aduenu à Scipion. C'eſt à moy que cela ſ'adreſſe, ſi d'auenture il en eſt arriué quelque choſe. Mais de ſe contriſter grieſuement de ſon infortune, c'eſt affaire à vn qui ſ'aime ſoymeſme, &non pas ſon Amy. Et qui eſt ce qui niera que celuy là ne ſoit bien heureux? Car ſi d'auenture il ne vouloit ſouhaitter l'immortalité (ce à quoy il penſoit le moins) qu'eſt ce qu'il n'ait obtenu de tout ce qu'il eſt loiſible à l'homme de deſirer? qui par vne vertu incroyable, auſſi toſt qu'il fut entré en adoleſcẽce, ſurmonta de bien loin ceſte grande attente que ſes citoyẽs auoient deſia conceuë de luy, lors qu'il n'eſtoit qu'vn enfant encore. Qui iamais ne brigua Cõſulat, & toutefois a eſté par deux fois Conſul: la premiere auant le temps ordonné par les loix; & l'autre d'apres en ſon tẽps legitime; mais à la choſe publique trop tardif preſque. Qui ayãt ruiné deux villes ennemies mortelles de cet Empire, aſſoupit non ſeulemẽt les guerres preſentes, mais celles de l'aduenir encor. que diray ie au reſte de la tãt douce facilité de ſes mœurs &façõs de faire?

re? De sa pieté enuers sa mere, largesse à ses seurs, bonté à l'endroit des siens, cõscience droicturiere, & raison enuers vn chacun? Tout cela vous est trop cogneu: & mesme cõbien il fut aimé de ses citoyens, le dueil de ses funerailles le mõstra assez. Que luy eust donc sceu proffiter vn peu de prolongation de vie? Car encore que la vieillesse ne soit point autrement ennuieuse, selon que ie me souuiẽs auoir esté disputé par Caton l'an auparauant qu'il mourut, auec moy & Scipion; elle despouille neãtmoins ceste verte vigueur en laquelle estoit lors Scipion. Au moyen dequoy il a esté tel en sa vie, ou d'heur, ou de gloire & reputation, que rien ne s'y pouuoit adiouster de pl⁹. Et si la soudaineté de sa mort luy en a fait perdre le sentiment; de laquelle maniere de mort il est bien malaisé de parler au vray: ce que les gens en soupçonnent, vous le voyez. Toutefois, on peut bien dire cecy à la verité, que de toutes les plus celebres & ioyeuses iournees qu'il vit onc en sa vie, ceste cy fut la plus excellẽte: quant ayant licentié le Senat, il fut sur le soir recõduit au logis par les Peres-cõscrips; par le peuple Romain; par les alliez & cõfederez d'iceluy; & par les Latins, le iour de deuãt son decés. De maniere qu'il semble plustost d'vn si haut degré de dignité mõdaine estre paruenu vers les Dieux, que nõ pas deuallé la bas aux enfers. Car ie n'adhere point à ceux qui puis n'aguere ont cõmancé à debatre q̃ les Ames s'aneantissent ensemblement auec le corps; & que tout vient à s'abollir & esteindre par mort. L'authorité des anciens peult bien plus enuers moy; ou de nos ancestres, qui ont fait tant de deuots & pitoyables deuoirs aux trespassez: Ce que certes ils n'eussent pas fait, s'ils eussent cuidé cela ne leur pouuoir de rien seruir: Ou de ceux là qui ont esté en ce pays, & par leurs enseignemens & preceptes ont instruict autresfois la grand'Grece, qui est maintenant ruinee; alors elle florissoit: Ou de celuy qui par l'oracle d'Apollon fut declairé le plus sage de tous; lequel ne disoit pas tantost cecy, tantost cela, comme il aduient à plusieurs; mais tousiours vne mesme chose; les Ames des hommes estre diuines, & qu'au desloger de ce corps le retour au ciel leur estoit ouuert: Aux tres-gens de bien toutesfois, & aux tresiustes & de bonne conscience; chacun endroit soit selon son merite, plus à deliure & aisé. De cest aduis estoit aussi Scipion; lequel comme s'il eust predit cela mesme; peu de iours auant qu'il mourust, comme Philus, & Manilius fussent presens auec plusieurs autres; vous aussi Scæuola me fussiez venu trouuer; par trois iours entiers il deuisa de la Politique: la fin presque de laquelle dispute fut de l'immortalité des Ames: Ce qu'il disoit auoir entendu de l'Africain par vne vision en dormant. Si cela est ain-

Pithagoras.

eſt ainſi que l'ame de chaque homme de bien ſ'en volle facilement à l'heure de ſon treſpas, tout ainſi que d'vne eſtroitte priſon, & des liens du corps; à qui deuons nous penſer la courſe auoir eſté plus aiſee deuers les Dieux, qu'à Scipion? Au moyen dequoy de ſe faſcher de cet heureux euenement ſien, ie craindrois que ce ne fuſt pluſtoſt le fait d'vn enuieux que d'vn cordial amy. Mais ſi ie ſuis en doute que les Ames meurent auecques le corps, ſans que plus aucun ſentiment ne recognoiſſance en demeure; Tout ainſi qu'il n'y aura rien de bon en la mort, auſſi n'y pourra il rien auoir de mauuais: Car l'homme priué de tout ſentiment, vient à eſtre la meſme choſe comme ſ'il n'auoit iamais eſté nay. Et toutesfois nous nous r'allegrons que Scipion l'ait eſté; & ceſte cité tant qu'elle durera ſ'en eſiouyra. Parquoy ce luy a eſté vn grand heur, cõme i'ay deſia dit cy deſſus; & à moy autant d'incommodité & de perte: Car il eſtoit plus raiſonnable puis que i'eſtois entré le premier en ceſte vie, que i'en deſlogeaſſe auſſi le premier. Ie ioys neantmoins d'vne telle ſouuenance de noſtre amitié; qu'il me ſemble auoir veſcu fort heureuſement, par ce que i'ay veſcu en la compagnie de Scipion: auecques lequel le ſoing de la Choſe-publique, & celuy de noz domeſtiques affaires ont eſté touſiours ioincts & vniz enſemble: auecques lequel vne meſme maiſon à la paix, & vn mesme pauillon à la guerre ont esté vns & communs: Et, ce enquoy gist toute la force de l'Amitié, vn souuerain consentement de volontez, occupations, & fantasies. Ceste renommee doncques de Sapience que Fannius a mentionnee n'agueres, ne me recree point tant, mesmes pour-ce qu'elle est faulse, que de ce que i'espere le souuenir de nostre Amitié deuoir durer à tout iamais. Ce qui m'est d'autant plus à cueur encore, que de tous les siecles passez malaiseement sçauroit on nommer trois ou quatre paires d'amis: Parmy lesquels il me semble pouuoir esperer, que l'Amitié de Scipion & de Lælius sera cogneue de ceux qui viendront cy apres. FANNIVS. Cela de vray Lælius fault qu'il soit necessairement. Mais pour-ce que vous auez faict mention d'Amitié, & que nous sommes de loisir, vous me ferez chose merueilleusement aggreable; & à ce Scæuola aussi selon que i'espere, si comme vostre coustume est de faire par tout ailleurs quand on vous en requiert, vous voulez aussi discourir sur l'Amitié, & dire ce qu'il vous en semble: Qu'elle vous l'estimez, & quels preceptes vous en donneriez. SCÆVOLA. Ce me sera de vray chose infiniement aggreable; mais en pensant vous rechercher de cela mesme, Fannius m'y a preuenu: Parquoy vous complairez par mesme moyen à tous deux. LÆLIVS. Cela certes ne me greueroit point si ie me sentois assez suffisant pource faire; car c'est vne chose qui me semble fort belle; & si sommes (comme dict Fannius) de loisir. Mais qui suis-ie? ne quelle faculté de bien dire est en moy? C'est la coustume des gens doctes, & mesme des Grecs, qu'on leur propose ce dont ils doiuent disputer, & encore tout sur le champ: mais cela est bien malaisé à faire, & a besoin d'vne exercitation non petite. A ceste cause ie suis d'aduis que vous recherchiez de ceux qui font ceste profession, ce qui se peut discourir sur l'Amitié; car ie ne puis sinon vous exhorter de la preferer à toutes les choses du monde: n'y ayant rien de si sortable à nature, ne si à propos pour tout ce qui peult arriuer de prospere ou calamiteux. Voicy doncques preallablement ce qu'il m'en semble; Que l'Amitié ne peult estre sinon entre gens de bien: Non que ie rougne cela iusques au vif, comme ceux qui ont accoustumé d'en disputer plus subtilement; bien que paraduenture à la verité, toutesfois pour le prouffict publicque fort peu: Car ils ne veullent pas aduouër que personne ſoit homme de bien, fors celuy là qui eſt Sage. Soit ainſi:mais ils interpretent ceſte ſapience eſtre telle, que perſonne de tous les mortels n'a iuſques icy obtenue: Là où nous ne deuõs aſpirer ſinon aux choſes qui ſont en vſage, & en la vie ordinaire des hommes; non-pas à celles qu'on ſe preſuppoſe, ou deſire. Par ce que ie ne diray iamais que C. Fabricius, M. Curius, T. Coruncanus; leſquels nos maieurs tenoient pour gens ſages, le fuſſent ſelon que ceux cy le limitent. Et pourtant qu'ils ſe reſeruent pour eux ce nom de ſageſſe incogneuë; odieux, & ſubiect à l'enuie; & nous accordent que ceux cy ayent eſté fort gens de bien. Mais ils ne le feront pas; ains nieront tout à plat que cela ſe puiſſe alloüer, hors mis qu'au ſage tant ſeulemẽt. Allons y doncques à la groſſe mode. Ceux qui ſe comportent ainſi, viuent d'vne façon qui tend à faire veoir & approuuer leur parole pour veritable; leur integrité & bonne conſcience, franc naturel & debonnaire; Qu'il n'y a rien de conuoitiſe en eux; nul deſ-ordonné appetit, ny orgueil; & ſont conſtans comme ceux que nous auons dit n'agueres. Ces preud'hommes tels qu'on les a touſiours tenus; croyons auſſi qu'on les doibt appeller en la ſorte; leſquels enſuiuent, autant que l'homme peult faire, la nature; la meilleure guide qui ſoit de bien viure. Car il me ſemble de veoir

clair

clair que nous sommes naiz, à ce qu'entre tous vnanimement il y eust ie ne sçay quelle societé; toutesfois bien plus forte selon qu'on s'attouche & s'appartient de plus pres : Tellement que noz concitoiens nous sont en plus estroitte recommandation que les estrangers: Les Proches parens, que ceux qui ne nous sont rien: Car la nature auecques ceux la nous a bien procreé ie ne sçay quoy d'Amitié; mais elle n'a pas assez d'asseurance: Pource que l'Amitié est à preferer au parẽtage en ceci; que d'iceluy la biẽueillance se peut oster, & d'elle non. De vray la bienuueillance en estant separee, le nom d'Amitié s'en va quant & quant: la ou celuy du parenté demeure. Quelle au reste, & combien grãde est l'efficace de l'amitié, on le peult de cecy principalement cognoistre, que d'vne comme infinie societé du gẽre humain, que nature mesmes a moiennee; la chose a esté tellemẽt racourcie & reduitte au petit pied, que tout le lien d'amitié s'est venu à noüer entre deux, ou bien peu de personnes. Car l'amitié n'est sinon qu'vn souuerain consentement & accord de toutes les choses diuines & humaines, auecvne bienuueillance & dilection mutuelle: Dont ie ne sçay pas si rien de meilleur en ce monde, excepté seulement la Sagesse, ait esté par les Dieux immortels octroyé aux hommes. Les vns preferent les richesses: Les autres la bonne disposition & santé:

D'autres l'authorité & pouuoir: D'autres les hõneurs: Plusieurs encore les voluptez. Mais ce dernier appartient plus aux bestes brutes: & les precedens sont toutes choses de peu de duree, & fort incertaines; qui dependent non de nostre disposition & vouloir, mais de l'inconstante legereté de fortune. Là ou ceux qui constituent le souuerain bien en vertu, font excellemment à la verité; Parce que c'est celle qui engendre & nourrist l'Amitié: Ne sans vertu l'Amitié ne pourroit estre en sorte quelcõque. Or interpretons maintenant la vertu selon le cours ordinaire de nostre vie, & de noz propos: Et ne la mesurons point comme quelques ignorans, par vne magnificence de mots; ains mettons au nombre des preud'hommes ceux qui ont esté reputtez pour tels: Les Paules, Catons, Caiens, Scipions, les Philes: Car de ceux la se contente la Commune vie; & laissons les autres qui ne se trouuent nulle part. Entre doncques de tels personnages l'amitié a tant de commoditez, qu'à grand peine le sçaurois ie dire. Et en premier lieu, qui est celuy qui puisse auoir vne vie vitale (comme dit Ennius) s'il ne se repose sur la mutuelle bienuueillance d'vn sien asseuré Amy? ya il riẽ de plus doux que d'auoir auec qui communiquer familierement tout ce que lon a sur le cueur, ainsi qu'à soy mesme? Quel si grand fruict

fruict y auroit il es choses prosperes, si vous n'auez quelqu'vn qui s'en resiouisse de pair à pair auec vous? En semblable il seroit bien malaisé & fascheux de supporter vne aduersité, sans la participation de celuy qui s'en affligera plus que vous. Finablement toutes les autres choses que l'on desire, ne seruent bonnement chacune endroit soy sinon à vn seul effect: Les richesses pour en vser: Les facultez & moyens pour estre respecté: Les hõneurs pour auoir quelque nom & reputation: Les voluptez pour vous dõner du plaisir: La santé pour estre exempt de douleur, & ioyr à deliure des offices & deuoirs de ses mẽbres. La ou l'Amitié contient plusieurs choses en elle: Car de quelque costé que vous vous tourniez, la voila tousiours toute preste. N'est forclose de lieu quelconque: iamais hors de saison: iamais ennuieuse: De maniere qu'en plus de lieux nous n'vsons point de l'eau, ne du feu, ne de lair. Toutesfois ie ne parle pas maintenant de la vulgaire ny moyenne (laquelle nous recree aussi & profitte) ains de la vraye & accomplie, telle que de ceux que lon nomme en petit nombre. Car elle faict bien mieux reluire les choses prosperes; & en departant & communicquant les aduersitez, les rend plus aisees à supporter. Et comme l'Amitié contienne en soy plusieurs commoditez, & tresgrandes; ceste-cy est la plus excellente de toutes, en ce qu'elle nous donne esperance de quelque grand bien aduenir; Et ne permet le courage se debiliter ou se perdre: Car à celuy qui regarde vn sien amy, semble deveoir quelque portrait de soy mesme. Au moyen dequoy les absens sont deuant noz yeux; les indigens abondent de ce qu'il leur fault; les imbecilles sont forts & robustes: Et (ce qui est bien plus difficile à croire) les deffũcts sont en vie encore. Si grand est l'honeur que leur defferẽt leurs amis; telle est la memoire & regret qu'ils en ont: De maniere que la mort de ceux la semble estre bien heureuse; & la vie de ceux cy tres-louable. Que si vous bannissez de ce monde le lien de la Bienuueillance, il n'y a mesnage, il n'y a ville qui puisse demeurer debout; nompas mesme le labourage des champs se continuer. Si l'on ne comprend assez de celà quelle est la force de l'amitié & concorde; on le peult aisement congnoistre par les noises, dissentions & debats. Car y a il maison si bien establie, ne cité si puissante & si asseuree, qui par les haines & querelles ne se puisse renuerser sans-dessus-dessous? Dequoy on peult assez apperceuoir quel grand bien & vtilité est en l'amitié. L'on parle de certain personnage Agrigentin, docte au possible; qui en beaux carmes Grecs auroit comme prophetisé, que tout ce qui estoit en la nature & au monde; tout ce qui auoit mouuement, venoit

Empedocles.

à estre

à eſtre aſſemblé & entretenu par Amitié; ſeparé &defait par diſcorde: Ce que to⁹les mortels cognoiſſent, &le teſmoignent par effect. Au moyẽ dequoy ſi autrefois il y a eu quelque notable deuoir d'Amitié, ou de ſe ſouz-mettre à des dangiers l'vn pour l'autre, ou d'y participer; qui eſt celuy qui ne le vueille honorer de tresgrandes louenges? Quelles acclamatiõs de tout le theatre furent n'agueres en la nouuelle Tragedie de mon hoſte & Amy M. Pacuuius; quant le Roy ne ſçachant lequel des deux eſtoit Oreſtes; Pilades ſe diſoit eſtre celuyla, pour eſtre mis à mort en ſon lieu; & Oreſtes ſe maintenoit fort & ferme celuy qu'il eſtoit à la verité: L'aſſiſtence battant les mains de grand' ioye en vne choſe feinte, que penſſons nous qu'ils euſſent deu faire en vne vraye. Certes la nature monſtroit bien par là ſon inſtinct & inclination enuers l'Amitié; en ce que les hommes extolloient ainſi en autruy, ce qu'ils n'euſſent pas eu le courage de faire. Iuſques icy il m'a ſemblé auoir dit de l'Amitié tout ce que principallement i'en penſois: S'il y a quelque choſe de reſte (comme ie croy bien qu'il y en a aſſez) ſçachez le, ſi bon vous ſemble, de ceux qui ont de couſtume d'en diſputter. FANNIVS. Mais pluſtoſt de vous meſmes, combien que ie l'aye ſouuentesfois demandé, & oy de ceux que vous dittes; non mal volontiers de vray. Toutesfois nous attendons de vous ie ne sçay quel autre fil d'oraison. SCÆVOLA. Vous le diriez bien d'auantage (Fannius) si n'agueres vous eussiez assisté és iardins de Scipion à la dispute de la Republique; ou il se monstra vn tel protecteur de l'equité & iustice contre l'elabouré discours de Philus. FANN. Il fut certes facile à vn personage tresiuste de deffendre roidement la iustice. SCÆVO. Et de l'amitié quoy? Ne sera il pas bien aisé aussi à celuy qui pour l'auoir obseruee en toute loyauté, constance, & exacte deuoir, en a rapporté vne telle gloire? LÆL. Cecy certes est m'vser de force: Car que me chault-il par quel moyen vous me contraigniez? Et vous me contraignez de vray: pour autant qu'il seroit trop mal aisé, voire desraisonnable, de cõtredire à ceste curiosité de mes gendres: mesmement en vn si bon & honneste subiect. Comme doncques ie me sois fort souuent mis à discourir de l'Amitié à part moy, celà m'a semblé estre considerable sur toutes autres choses; asçauoir mon si pour raison de l'impuissance & necessité, l'Amitié se doit rechercher; à ce que conferant & receuant des biens faits, chacun eust d'vn autre tout ce qu'il peut le moins de soy; & le luy rendist reciproquement à son tour: Ou bien, encore que cecy soit de vray le propre de l'Amitié; il y en ait neantmoins vne autre source plus noble & ancienne, & plus prouenante de la nature. Car l'Amour, dont l'Amitié à pris son nom,

nom, eſt le principal inſtrument pour contra-ᴄter vne bienueillance: pour-autant que l'on tire bien des commoditez de ceux, que par vne amitié feinte & diſſimulee on honore & reſpe-ᴄte pour ſaccommoder au temps: Mais en l'Amitié il n'y a rien de deſguiſé ny fardé; ains tout y eſt veritable & volontaire. Au moyen dequoy il me ſemble que l'amitié eſt pluſtoſt iſſuë de la nature, que de l'imbecillité & default: & plus de l'application de l'eſprit à quelque ſentiment d'aimer; que nom-pas de l'attente de l'vtilité qu'on en puiſſe cueillir. Que cela ſoit ainſi, on l'apperçoit bien aiſément en quelques vnes des beſtes brutes; leſquelles pour certain temps aiment de telle ſorte leur petits: & ſont ſi fort cõtr'aimees d'eux; que le ſentiment & inſtinᴄt de l'Amour naturelle y eſt bien aiſé à cognoiſtre: mais plus euidemment beaucoup en l'homme. Et premieremẽt, de ceſte charité pitoyable qui eſt entre les enfans, & leurs pere & mere; qui ne peut eſtre deſmanchee ſinon par vn deteſtable forfait. En apres, ſ'il y a quelque toutpareil ſentiment d'Amour, quand nous venons à nous rencontrer en quelqu'vn; aux mœurs, façons de faire & nature duquel nous nous conformions, pour apperceuoir en luy ce nous ſemble, ie ne ſçay qu'elle lumiere de Preud'hommie & de vertu: Car il n'y a rien plus aimable que la vertu; ne qui attire plus les gens à aimer: D'autant que pour raiſon de la vertu & bonté nous ſommes aucunement pouſſez à aimer ceux que meſmes nous ne viſmes onques. Et qui eſt celuy qui par vne dilection & beneuolence, ne rameine ſouuent en memoire C. Fabricius, & M. Curius qu'il ne vit iamais? Et au contraire ne hayſſe & deteſte Tarquin le ſuperbe, Sp. Caſſius, & Sp. Melius? Auecques deux treſexcellens chefs de guerre l'on a autresfois combatu de l'Empire en Italie; Pyrrus, c'eſt à ſçauoir & Hannibal. A l'vn pour ſa preud'hommie, & la magnanimité de ſa race, nous ne voulons point autrement de mal: L'autre, pour raiſon de ſa cruauté, ceſte ville hayra touſiours. Que ſi la preud'hommie eſt de telle efficace que nous ſoyons forcez de l'aimer, voire en ceux que nous n'auons iamais veu; & ce qui eſt bien encore plus fort à faire, en noſtre propre ennemy; Quelle ſi eſtrange choſe ſera-ce, que les volontés des hommes ſoient incitees à aimer ceux, auec leſquels cognoiſſans leur bonté & vertu, ils puiſſent contracter amitié, non ſans vne grande commodité & ſoulagement? Combien que l'Amour preigne touſiours plus de pied quand nous venons à receuoir quelque bien-faict, & congnoiſtre la bonne volonté qu'on nous porte: Ioinct l'accouſtumance qui y entreuient. Toutes leſquelles choſes appliquees à ce premier mouuement de l'eſprit & Amour

mour; ie ne sçay qu'elle grandeur admirable de bienuueillance vient à s'allumer en nous, laquelle si quelques vns penssent proceder de l'imbecilité; comme si c'estoit celle par le moyẽ de laquelle chacun obtienne ce qu'il desire; à la verité ils nous laissent vne origine d'Amitié bien vile, abiecte, & peu noble; la faisant naistre de l'indigence & necessité. Car si ainsi estoit, tous ceux qui se sentiroient auoir le moins de moyen & puissance, seroient aussi les plus idoines à l'Amitié: Ce qui est au rebours: Car selon que chacun se confie le plus & asseure de soy; & qu'il est si excellemment pourueu de vertu & sagesse, qu'il n'a affaire de personne; ains croit que tout ce dont il peut auoir besoin est en luy; aussi est il le plus propre & conuenable à contracter des Amitiez, & les maintenir. De fait, quel affaire auoit tant l'Affricain de moy? Rien du tout en bonne foy; Ny moy de luy aussi peu. Mais moy poussé d'vne certaine admiration de sa vertu: Et luy de sa part induit, peut estre, de quelque opinion qu'il auoit de mes conditions, se prit à m'aimer: la frequentation puis apres augmenta ceste bienuueillance. Or encore que plusieurs grandes vtilitez s'en soient ensuiuies, les causes pourtant de nous entr'aimer ne sont pas procedees de ceste attente. Car tout ainsi que nous ne faisons point plaisir, & n'vsons de liberalité pour en tirer quelque recompence (Et de vray nous ne prestōs pas noz bienfaits à vsure, ains sommes naturellement enclins à la liberalité) Tout de mesme estimons nous que l'Amitié se doiue chercher; non pour estre poussez à cela souz l'esperance de quelque loyer & guerdon; Mais pource que tout le fruict qu'on en peut perceuoir consiste en l'Amour: Estans bien eslongnez en cela de l'opinion de ceux, qui à guise de bestes bruttes r'apportent toutes choses à la volupté. Dequoy il ne se faut pas esbahir: Car ils ne peuuent esleuer leurs cœurs à rien de haut, de magnifique ny de diuin; Puis qu'ils ont ainsi rabaissé tous leurs desirs & cogitations, à vne si mesprisable & indigne chose. Bannissons les donques de nostre propos; & sachons quant à nous, que le sentiment de l'Aimer est engendré de la nature; auec la charité d'vne bienvueillance; quand nous voyons quelque indice de preud'hommie; à la quelle ceux qui y tendent s'adonnent, & s'en approchent le plus pres qu'ils peuuent; afin de pouuoir ioïr de la communication & bonnes parties de celuy qu'ils ont commancé à aimer: Qu'ils soient semblables & esgaux en Amour; & plus enclins à faire plaisir, que d'en demander le retour. Voila l'honeste contention & debat qui doibt estre entr'eux: Car par ce moyen on pourra tirer force belles commoditez de l'Amitié; & son origine receura

ceura bien plus de certitude & de maiesté de la nature, que de l'indigence & foiblesse. Car si l'vtilité estoit celle qui accouple les Amitiez; elle par mesme moyen se venant à changer, les deferoit: Là où pource que la nature ne se peut changer, aussi les Amitiez vrayes sont perdurables. Vous voyez donques l'origine de l'Amitié; Si d'auenture vous ne desirez encor là dessus quelque chose. SCEVOLA. Mais de grace poursuiuez Lælius, nous vous en supplions; Car il m'est permis de parler aussi pour cestuicy qui est plus ieune que moy. FANNIVS. ouy certes: Au moyen dequoy oions le. LÆLIVS. Escouttez donques vous autres Zelateurs de vertu, les choses qu'autrefois ont esté discourues de l'Amitié entre Scipion & moy: combien que quand à luy il n'alleguast rien de plus difficile, que de continuer l'Amitié iusqu'à la fin de noz iours. Car beaucoup de cas aduiennent qui ne sont pas bien à propos pour l'vne & l'autre des parties; lesquelles ne se rencontrent pas tousiours d'vne mesme opinion quant au gouuernement de la Chosepublique. Les mœurs aussi & coustumes des hommes se changent auec ce fort souuent; telle fois en aduersité, telle fois quand on vient sur l'aage. Et là dessus amenoit vn exemple par similitude de la ieunesse; Que les plus grandes Amitiez des enfans se delaissoient ordinairement quant & la robbe de leur aage, pour receuoir la virile.

Que si d'auenture ils y persistoient iusques là, elles se departoient neantmoins, où pour estre d'humeurs differentes, où par vne varieté de plaisirs & desbauchemens; où de quelque commodité que tous les deux ne peussent pas obtenir. Et si en d'aucuns encore elle se maintenoit plus longuement; ne laissent neantmoins à la fin de se rompre, s'ils entroient en quelque castille pour vne charge où dignité. Car il n'y auoit point de peste plus pernicieuse és Amitiez, que l'auarice en plusieurs personnes; Et és plus genereux & gentils courages, le desir à l'enui l'vn de l'autre d'acquerir loz & reputation: Dont de tresgrandes inimitiez seroient bien souuent suruenues, entre les plus grands Amis. De tresaigres piques aussi, la plus part du temps raisonnables, sont venuës à naistre quand l'on recherchoit de ses Amiz quelque chose deshonneste & indeuë; d'estre ministre de leurs voluptez; ou les prier de leur assister à faire quelque iniure & outrage: Car ceux là qui le refusoient; encore que ce fust à bon droit qu'ils le fissent, estoient neantmoins arguez de manquer au deuoir d'Amitié, par ceux à qui ils ne vouloient pas plaire: Et ceux la qui osoient indifferemment requerir leur Amy de tout ce qui leur venoit en fantasie, monstroient par telle sorte de demande, qu'ils voudroient aussi faire toutes choses pour luy. De maniere que par ces doleances inueterees,

rees, venoient non seulement à s'esteindre les plus estroittes familiaritez, mais à s'engendrer d'abondant des haines tresgrandes&perpetuelles. A tels plusieurs & autres accidens, Scipion alleguoit les amitiez estre exposees & subiectes à son aduis, par ie ne sçay quelle malignité de la destinee; si que de les pouuoir euiter de tous points, dependoit non seulement de Sagesse& Prudence, mais d'vn tresgrand heur & felicité. Voyons doncques preallablement cecy si bon vous semble; iusqu'où l'amour se doit estendre en l'amitié. Car si Coriolanus auoit des amis, deuoient ils pour cela prendre les armes auecques luy contre leur propre Patrie? Ne les autres fauoriser aussi peu Becillinus, ou Sp. Melius aspirans à se faire Roys? Nous sçauons bien comme Tib. Gracchus s'efforçant de troubler la Chose-publique fut abandonné par Q. Tubero, & autres ses plus intimes amis d'vn mesme aage: Là où Caius Blosius de Cumes, hoste ancien de vostre maison (Scæuola) m'estant venu requerir durant le Consulat de Lenas & Rutilius, que i'estois lors du conseil, qu'on luy pardonnast; n'alleguoit pour toutes raisons sinon qu'il auoit tousiours si fort estimé Gracchus, que sans s'en enquerir d'auantage, il estimoit deuoir obeyr à tout ce qu'il luy eust peu commander. Et s'il vous eust ordonné (dis-ie alors) d'aller mettre le feu dans le Capitole, l'eussiez vous fait? Il ne m'eust iamais voulu rechercher de cela, respond il: mais s'il l'eust voulu, ie luy eusse compleu. Voyez quelle malheureuse parolle. Et certes il en fit ainsi, voire plus encore qu'il ne disoit. Car il n'obeit pas tant seulement aux temeritez de Gracchus, ains il y commanda luy mesme; & ne se constitua pas compagnon de son insolence & furie; mais en fut capitaine en chef. Au moyen dequoy, en ceste alienation d'esprit se trouuant estonné d'vne recherche à luy nouuelle & inesperee, il s'en fuit en Asie, ou il se retira aux ennemis; & paya finablement à la Chose-publique la punition qu'il auoit meritee. Il n'y a point doncques d'excuse à mal-faire, quand bien vous le ferez pour aggreer à vostre Amy. Car, pour autant que l'opinion qu'on a de sa vertu est le moyen de contracter l'Amitié: Il est bien difficile qu'elle dure si vous vous departez de vertu. Que si nous cuidons estre raisonnable & honneste d'octroyer à nos Amis tout ce qu'ils veullent de nous, ou d'impetrer d'eux tout ce que nous en pouuons desirer; nous sommes à la verité sages en perfection, si la chose n'a aumoins en soy point de vice. Mais nous parlons de ces amis que nous auons deuant les yeux, & que nous voyons; ou de qui nous auons ouy deuiser; ou que le commun cours de la vie des hommes a cogneu.

Et de ce nombre nous deuons tirer nos exemples: de ceux la principallement qui s'approchent le plus de la Sapience. Car nous auons veu Paule Emyle auoir eu vne fort estroitte accoinctance auecques C. Lucinius (ainsi l'auons nous entendu de nos Peres); Esté Consuls par deux fois ensemble; & compagnons à l'office de la Censure. L'on dit outreplus que C. Curius, & T. Coruncanus leur furent amis tres-affectionnez & fidelles; & entr'eux deux mesmes encores. Neantmoins nous ne pouuons pas soupçonner seulement, que iamais vn d'eux tous pressast son amy de chose qui fust contre son deuoir, son serment, ne le seruice de la Chose-publique. Car quel besoing est il de dire cela de tels personnages? Sçachans bien que s'ils s'en fussent recherchez; ils ne l'eussent point obtenu, par ce qu'ils estoient trop gens de bien. Et ie tiens à vn mesme delict, de faire quelque chose de tel en estant prié, ou d'en requerir son amy. Toutesfois C. Carbo suiuoit Tib. Gracchus, & C. Cato pareillement; non encore alors, mais à ceste heure capital ennemy de Caius frere d'iceluy Tybere.

Soit doncques ceste premiere loy establie en l'Amitié, que nous ne recherchions point nos amis de choses qui soient deshonnestes & desraisonnables: & ne les facions aussi peu en estans requis d'eux. Car c'est vne fort laide & vilaine excuse, nullement receuable en toutes faultes; principallement si quelqu'vn aduouë s'estre forfait enuers la Chosepublique. Et à la verité Fannius, & vous Scæuola, nous sommes plantez en vn tel endroict, qu'il nous faut preueoir de loing aux accidens qui luy peuuent suruenir; Pourautant que les obseruances de nos ancestres se sont desia quelque peu destournees de la droicte routte, & carriere ordinaire. Tib. Gracchus s'est efforcé d'occuper le Royaume, ou plustost a regné quelques mois. Le peuple Romain auoit il iamais rien veu ny oy de semblable? Mais ce que ses parens & amis l'ayans ensuiuy firēt apres sa mort pour l'amour de luy contre Scipion Nasica, ie ne le puis dire que la larme à l'œil: Car au regard de Carbon que no⁹ auons nommé n'agueres, à cause de la recente punition de Tyberius, nous l'auons enduré. Au surplus, de ce que i'attends du Tribunat de Caius l'autre frere, ie n'en veux rien pronostiquer: pource qu'vne chose qui incline à destruction, si vne fois elle a tant soit peu prins de pied, rampe & s'estend de là fort facilement. Vous voyez bien en la tablette, qu'elle playe s'estoit faicte au parauant en la Republique: En premier lieu par la loy Gabinie; & deux ans apres par la Cassienne: Car il me semble veoir desia le peuple Romain desmembré d'auec le Senat: &

les

les affaires de plus grande importance passer du tout à la discretion & arbitre de la commune: Parquoy plus de gens apprendront comme ces choses se font que nompas les moyens d'y remedier. Mais à quel propos tout cecy ? Parce que personne n'entreprendra iamais rien de tel sans auoir quelques cōpagnons. Il faut donc aduertir les gens de bien, que si de cas d'auenture par ignorance ils s'embarquoient en de semblables Amitiez, ils ne croient pas pour cela d'estre obligez de sorte, qu'ils ne se puissent bien departir de leurs Amis, venās à commettre quelque lourde faute contre le seruice de la Chosepublique : & aux meschans faut establir vne peine, nō moindre à ceuxlà qui aurōt assisté quelque autre, qu'à ceux qui auront esté les chefs & autheurs du forfait. Qui fut onc plus renommé en la Grece que Themistocles? Qui plus puissant? Lequel ayant eu l'authorité souueraine en la guerre contre les Perses, & deliuré son pays de leur seruitude: Esté puis apres relegué par enuie en exil, il ne supporta pas l'iniure à luy faite par son ingrate Patrie de tel zele comme il deuoit, ains en vsa tout ainsi que vingt ans auparauant auoit fait Coriolanus en ces quartiers cy. Mais pas vn d'eux ne trouua de coadiuteur cōtre sa patrie, dont l'vn & l'autre se donna la mort de sa propre main. Parquoy vne intelligence semblable auec des meschans depraués, ne se doit non seulement point couurir du pretexte d'vne Amitié, mais plustost la punir par toutes ſortes de ſupplices, afin que perſonne ne penſe qu'il luy ſoit loiſible de ſuiure vn ſien Amy qui ſ'arme contre ſa Patrie. Ce que ie ne ſçay, à veoir le train que les choſes prennent, ſ'il aduiendra quelque iour. N'ayant moindre ſoucy quant à moy de l'eſtat ouquel la Choſe-publique ſe trouuera apres ma mort, que de celuy ou elle eſt à ceſte heure.

SOIT donques arreſtee ceſte premiere loy de l'Amitié, de requerir ſes Amis de choſes hõneſtes & raiſonnables: que pour l'Amour d'eux nous ne facions rien d'indigne: Et que meſme nous n'attendions pas d'en eſtre priez; mais le voulloir nous en ſoit touſiours prompt & preſent, toute dilation miſe arriere: Et prenions plaiſir à leur donner librement bon Conſeil. Que l'authorité des Amis qui Conſeillent bien, puiſſe beaucoup en l'Amitié; & ſoit employee à remonſtrer non ſeulement de cœur ouuert, ains aigremẽt encore, ſi la choſe le veut; & qu'on ſe rende obeiſſant à ce dont ceſte authorité ſe ſera voullu entremettre. Car quelques vns à ce que i'entends, qui ont eſté tenuz pour ſages en Grece, ont eu d'eſtranges opinions, ce me ſemble; Mais il n'y a riẽ, ou par leurs ſubtilitez ils ne mettent le nez: Qu'en partie on doit fuyr les Amitiez par trop grandes, afin qu'il ne conuienne à vn ſeul ſe mettre en peine pour pluſieurs; chacun n'eſtant que trop & par trop chargé de ſon

ſon propre fait: que c'eſt choſe biẽ ennuieuſe de ſ'empeſcher ainſi de celuy d'autruy: Et pourtant eſtre plus à propos de tenir les reſnes de l'Amitié le plus au large qu'on pourra, afin de les pouuoir tirer à vous toutes les fois qu'il vous vient à gré, & les laſcher pareillement. Car le principal poinct pour viure en beatitude eſt la tranquilité & repos; dont l'eſprit ne peut ioïr ſi vn ſeul eſt en trauail pour pluſieurs, tout ainſi que ſ'il enfantoit. L'on en allegue encore d'autre qui dient vne choſe bien plus inhumaine; ce que i'ay cy deſſus n'aguere touché ſuccinctemét: Qu'on doit chercher les Amitiez pour l'aide & ſecours dót on a beſoin, & non pour cauſe d'affection ny de bienueillance. Au moyen dequoy, ſelon que chacun a le moins d'appuy, & pouuoir de ſoy, auſſi appete il les Amitiez tant plus fort. Ce qui faict que les ſimples femmelettes cherchent pluſtoſt le ſupport qui en prouient, que ne font les hommes: les indigens que les riches: Et les affligez, que ceux qu'on eſtime eſtre heureux. O la gentille Sapience. Certes il ſemble que ceux vueillent oſter le Soleil hors du monde, qui forbanniſſent l'Amitié de la vie: dont rien ne nous a iamais eſté octroyé par les Dieux de meilleur ny de plus plaiſant. Et quelle eſt ceſte tranquilité d'eſprit? En apparence certes fort gratieuſe; Mais à la verité & de fait reiettable en pluſieurs endroits. Car il n'eſt pas bien conuenant de ne ſevouloir entremetre de faire ne dire rien quelconque de raiſonnable & honeſte: Ou ſi on l'auoit entreprins de ſ'en deſiſter de peur d'eſtre en ſolicitude: Laquelle ſi l'on fuit & abhorre, il fault par meſme moyen abhorrer la Vertu: eſtant force qu'auecques quelque ſoulcy elle deſdaigne & haiſſe les choſes qui luy ſont contraires: Comme fait Preudhommie la Malice: Attrempance la Lubricité: Hardieſſe la Couardiſe. Tellement que vous verrez les gens de bien auoir à vn treſgrand contrecœur l'Iniuſtice; les courageux la Laſcheté; & les Reformez le Deſbordement. C'eſt donques le propre d'vne ame bien inſtituee, de ſe reſioir des choſes iuſtes & bonnes; & ſ'attriſter du contraire. Au moyen dequoy, ſi la faſcherie peut auoir lieu en vne homme ſage; Et certes elle y en a, ſi d'auenture nous n'eſtimõs la compaſſion & humanité auoir du tout eſté arrachees hors de ſon cœur; A quel propos exterminerons nous l'Amitié de fonds en comble de ceſte vie, pour crainte que nous ne receuions quelques ennuys à ſon occaſion? Car les paſſions de l'ame oſtees, quelle difference y aura il, ie ne diray pas entre l'homme & la beſte brutte, mais de l'homme à vn rocher ou tronc d'arbre, ou telle autre ſemblable beſongne? On ne doit doncques adherer à ceux qui veullent que la Vertu ſoit ie ne ſçay quoy de dur & ferré; la ou au contraire en pluſieurs cho-

choſes elle eſt fort ſouple & maniable; comme celle qui du bien & contentement de l'Amy ſe vient à eſlargir, & ſe reſſerrer de ſes incommoditez & malheurs. De maniere que ceſte angoiſſe, laquelle bien ſouuent il faut receuoir pour l'occaſion de ſon amy, n'eſt pas de telle efficace, qu'elle puiſſe oſter l'Amitié de la vie humaine; nom-plus que les vertus ſe doiuent repudier pour-autant qu'elles nous apportent quelques ſoucis & facheries. Or comme la Vertu tire à ſoy l'Amitié, ſuiuant ce que i'ay dict cy deſſus; ſi quelque demonſtration de vertu vient à ſe donner à cognoiſtre, & qu'vn vouloir ſemblablement diſpoſé vienne à ſ'y rencontrer & adioindre; quand cela arriue, il eſt force auſſi que l'amour ſe forme là meſme. Et y a il choſe plus abſurde que de ſe complaire en beaucoup de ces vanitez friuoles; comme l'honneur, la gloire, vn bel edifice, des veſtemens pompeux & exquis; & ne ſ'eſioyr comme rien d'vn eſprit doué de vertu, & tel qu'il ſoit propre d'aimer, & eſtre reaymé; ſ'il m'eſt permis d'vſer de ce mot. Car rien n'eſt plus plaiſant ne plus aggreable, que la recognoiſſance d'vn bon vouloir; & le contreſchange & retour de l'affection qu'on nous porte; & des plaiſirs que l'on reçoit. Que ſi nous y adiouſtons encore cecy, qui à bon droict certes ſ'y peut adiouſter; *Rien* ne pouuoir eſtre en ce monde qui tant alleche

& attraye vne chose à soy, que fait la semblance de mœurs l'Amitié; il faut necessairement accorder cela estre vray-infallible, que les Bons aiment les Bons; & qu'ils se les conioignent & associent, tout ainsi que liez de parenté ou de nature: Car il n'y a rien plus cõuoittant les choses semblables à soy, ne qui plus auidement les rauisse, que la nature. Au moyen dequoy cecy est (à mon aduis) tout certain, que des Bons enuers les Bons il y a vne bienuueillance presque forcee, establie de la Nature pour vne source d'Amitié. Mais ceste mesme Preud'hommie & Bonté s'estend aussi enuers plusieurs; Car la vertu n'est ny sauuage, ny oisiue, ny desdaigneuse; qui a accoustumé de maintenir & deffendre tout vn peuple en general, & procurer sa seureté & repos: Ce que de vray elle ne feroit si elle estoit du tout alienee de la dilection charitable du menu populaire. Ceux là aussi me semblent oster le tres-amiable nœud d'amitié, qui feignent d'aimer sous l'attente de quelque proffit: Car la commodité qu'on tire de l'Amy ne delecte point tant, comme fait l'Amour qu'il nous porte: Et alors ce qui est prouenu de l'Amy, se rend aggreable; si c'est d'Amour & d'vn franc vouloir que cela procedde. Et tant s'en faut que les amitiez se mendient pour l'indigence; que mesmes ceux qui abondent le plus en facultez & richesses, & qui sont les plus ornez de vertu

(en

(en laquelle gist le plus grand support &appuy) se monstrent ordinairement tresliberaux & desireux de faire plaisir: Ne sçachant bonnement quant à moy, s'il est necessaire que rien ne defaille iamais aux Amis. Car enquoy est ce que nostre affection se fust peu monstrer, si onques Scipion n'eust eu affaire de nostre conseil, & nostre industrie ny à la paix, ny à la guerre? L'Amitié doncques ne deppend pas de l'vtilité, ains l'vtilité de l'Amitié. Parquoy il ne faut point prester l'oreille aux gens affluans en richesses, s'ils viennent quelquesfois à deuiser de l'Amitié; laquelle ils ne cognoissent ne par practique & vsage; ne par aucun discours de raison. Et qui est celuy (ô bons Dieux) qui voulust de toutes parts regorger de biens, & viure en vne plantureuse commodité de tout ce que l'on sçauroit souhaitter en ce monde, pour n'aimer personne & n'estre aimé de nully? De faict c'est vne vraye vie de Tyrans; comme celle ou il n'y peut auoir loyauté quelconque, charité, ny seureté ferm-establie d'vn bon vouloir: Tout y estant en vne perpetuelle deffiance & soucy, sans laisser tant soit peu de place à l'Amitié. Et comme pourroit on aymer ny celuy qu'on redoute, ny celuy dont on pense estre redouté? Trop bien les respecte l'on & honnore par vne feinte dissimulation d'Amitié: mais pour quelque temps seulement. Que si d'auenture (comme il aduiēt le plus ſouuent) ils donnent du nez à terre;alors on cognoiſt combien peu ils ont eu d'Amis: Ce qu'on racompte Tarquinius auoir dit lors qu'il eſtoit en exil: & s'eſtre finablement apperceu quels loyaux amis il auoit eu;quels feints & diſſimulez auſſi,quand il n'euſt plus le moyen de le recognoiſtre enuers les vns ny les autres: Encore que ie ne me puiſſe aſſez eſbayr,comme en cet orgueil & arrogance incompatible il en ait pu auoir vn tout ſeul. Et tout ainſi que de celuy dont ie viens de parler, les mœurs & façons de faire ne peurent onques acquerir aucun vray Amy; de meſme les richeſſes de pluſieurs grands & puiſſans perſonnages banniſſent les Amitiez fidelles & vrayes: Par ce que non ſeulement la fortune eſt aueugle; mais elle rend auſſi le plus ſouuent ceux aueugles qu'elle fauoriſe & embraſſe. Car telles gens ordinairement ſe tranſportent par vn deſdain & fierté arrogante: N'y ayant rien plus intollerable en ce monde, qu'vn riche ignorant abeſty: Ce qu'on peult aiſeement congnoiſtre en ceux qui eſtans de façons gracieuſes, ſe viennent aiſeement à changer par l'authorité, la puiſſance, & choſes proſperes: ſi qu'ils contemnent les anciēnes Amitiez,pour en chercher de nouuelles. Et qu'eſt ce qui puiſſe eſtre plus ſot ny indague, que ceux qui ſont tres abondans en toutes ſortes de biens, facultez & richeſſes; mettent leur ſoing entierement à amaſſer ce dont l'on a accouſtumé de faire prouiſion; argent, cheuaux, ſeruiteurs, habillemens, honneurs; vaſes exquis & precieux, & ne ſe ſoucier d'acquerir des Amis; le meilleur & le plus beau meuble (ſil le faut dire ainſi) de toute la vie humaine. Or toutes les autres choſes qu'on amaſſe, l'on ne ſçait bonnement pour qui c'eſt qu'on ſe trauaille ainſi; d'autant que tout ce qui en depend, vient ordinairemẽt à celuy qui ſe trouue le plus fort: là où la poſſeſſion des Amitiez eſt ſtable & certaine à chacun: De maniere, qu'encore que cela demeure qui peut eſtre à bon droit cõpté entre les dons & preſens de fortune; neantmoins la vie ſolitaire & deſtituee d'Amis ne peut aucunemẽt eſtre plaiſante. Mais c'eſt aſſez de ce propos. Il faut maintenant eſtablir quelles doiuẽt eſtre les bornes de l'Amitié, & quaſi les termes & limites d'aimer; dont ie voy trois opinions qu'on en dõne; deſquelles ie n'apreuue pas vne ſeule. La premiere, que nous ſoions tout en telle maniere affectionnez enuers noſtre Amy, qu'alendroit de nous meſmes. L'autre que noſtre bienuueillance enuers eux, correſponde eſgallement à leur Amitié enuers nous. La troiſieme que chacun ſoit tout autant eſtimé de ſes Amis, comme il ſe repute & eſtime. A pas vne de ces trois opinions ie ne m'accorde nullement: Pource que la premiere ne peut eſtre vraye; que de la meſme ſorte que chacun eſt affectionné à ſoy meſme,il le ſoit enuers ſon Amy. Et combien y a il de choſes que nous ne ferions iamais pour l'Amour de nous; toutesfois nous les faiſons en la faueur de noz Amis? Prier vn homme indigne; le ſupplier & requerir,ſe courroucer aigrement contre quelqu'vn; & le perſecuter à outrance: Toutes leſquelles choſesne ſe feroient pas gueres honneſtement pour noſtre fait: En celuy des Amis, ſi. Et ſe preſentent aſſes d'occaſions tous les iours, eſquelles les gens de bien retranchent beaucoup de leur proffit & commodité; & endurent d'en eſtre eclipſez, afin que leurs Amis en ioïſſent pluſtoſt qu'eux. L'autre opinion eſt qui limite l'Amitié par des deuoirs & volontez toutes ſemblables. Mais ce ſeroit la tirer à vn trop maigre &affamé calcul, que la proportion fuſt egalle de ce qu'on recoit & qu'on donne. Plus riche ſans comparaiſon, & plus opulente me ſemble eſtre la vraye Amitié de ne prendre pas ſi exactement garde qu'on ne rende d'auantage qu'on n'aura receu. Car il ne faut point auoir pœur que quelque choſe nous eſchappe, & tombe à terre;ou que rien plus qu'on n'eſt tenu ne ſe recontribue en l'Amitié. La troiſieſme fin eſt la pire de toutes; Qu'autant que chacun ſ'eſtime valloir,il ſoit priſé de ſes Amis. Pource que ſouuentesfois en d'aucuns; le cœur ſe trouue plus rabaiſſé & abiect: ou l'eſperance

rance de leur bonne fortune plus lasche & remise. Ce n'est pas donc le fait d'vn Amy, de se monstrer tel à lendroit de celuy qu'il aime, comme il est en soy mesme; Mais plustost de s'esuertuer de luy r'esueiller le courage trop languissant & abbatu, & le reduire à de plus hautes esperances & pensees. Parquoy il fault establir vne autre fin d'Amitié, apres que ie vous auray fait entendre ce que Scipion y souloit reprendre & blasmer le plus : lequel n'estimoit pas aucun mot se pouuoir trouuer plus ennemy de l'Amitié, que de celuy qui auoit dit, qu'il falloit aimer d'vne sorte comme si quelquefois l'on deuoit hayr. Tellement qu'on ne luy sçauroit iamais faire accroire, qu'vn tel propos fust eschappé à Bias ainsi qu'on cuidoit ; lequel auoit esté mis au reng de l'vn des Sept Sages de Grece: Ains estre plustost l'opinion de quelque Peruerty & Ambitieux, qui voudroit tirer toutes choses à sa disposition & pouuoir. Et de fait en qu'elle maniere personne pourroit il estre Amy de celuy, dont il estimera deuoir vn iour deuenir ennemi? qui plus est, il nous faudra desirer voire souhaitter, que nostre Amy face le plus souuent quelque lourde & pesante faute ; affin qu'il nous donne tant plus de prises sur luy, & d'occasiōs de le reprendre. D'autre part, que nous nous contristions, faschions, & portions enuie aux bonnes choses qu'il fera à ses Aisances & commoditez: Au moyen dequoy ce precepte, de quiconque il ſoit; n'eſt vallable qu'à Bannir l'Amitié. Pluſtoſt nous deuoit on ordonner & preſcripre, de mettre vn ſi grand ſoing & diligence à contracter des Amitiez, que iamais nous ne nous miſſions à aimer perſonne que nous peuſſions hayr quelque fois. Que ſi d'auenture nous eſtions moins heureux à en faire ce choix & eſlite, encore le valloit il mieux ſupporter (ce cuidoit Scipion) que de penſer du temps ouquel l'on pourroit maluoulloir. Il me ſemble doncques que nous deuons vſer de ces fins icy & limites. Que ſi les mœurs de noz Amis ſont correctes & hors de reprehenſion; vne communaulté ſoit alors ſans aucune exception de toutes choſes quelconques, de toutes leurs intentions & voulloirs: Voire que ſi quelque accident ſuruenoit ou il falluſt aider & ſecourir noz Amis en quelque occaſion moins iuſte & raiſonnable, là ou il va ou de leur vie, ou de leur houneur; il ſ'y fault eſlargir quelque peu: pourueu qu'il ne ſ'en enſuiue vne trop grande honte & diffame: Car il y a certaines bornes limitees iuſques ou l'on peut laſcher la bride à l'Amitié. Mais il ne faut pas pourtant negliger ſa reputation; ne penſer que ce ſoit vne moyenne arme pour executer de grandes choſes, que la bonne opinion & bienuueillance de ſes citoyens; laquelle neantmoins c'eſt choſe

par

par trop indigne & vilaine de vouloir mendier par flatteries & assentations: La Vertu que charité accompaigne est celle qu'il ne faut aucunement reiecter. Souuentesfois (car ie retourne à Scipion, dont tous les deuis estoient d'Amitié) il se complaignoit qu'en toutes autres choses les hommes se monstrassent si fort soigneux; comme de sçauoir chacun dire combien de chieures & de brebis il auoit: Mais combien d'Amis, n'en pouuoir rendre aucun compte. Mettre si grande diligence à acquerir ces choses là: & estre ainsi nonchallans à choisir des Amis; sans auoir signes ne marques par ou l'on puisse cognoistre ceux qui sont propres à l'Amitié. Il les faut donques eslire fermes, stables, & constans; mais de ce calibre il y en a vne grande disette: Et est fort mal-aisé de les discerner; si ce n'est à vn bien practiqué & expert en tel cas: dont l'Amitié est celle mesme qui en doibt faire l'espreuue. De maniere qu'elle precede le iugement, & oste le moyen d'en faire l'essay. Et pourtant ce sera le fait d'vn homme prudent, de moderer l'impetuosité de la bienuueillance, ny plus ny moins que d'vne carriere, affin d'vser des Amitiez comme de quelques cheuaux moderez & sages en bride; sondant de quelque endroict le naturel de ceux qui se dient estre Amis. Car bien souuent quelques vns en vne petite somme d'argent ont monstré leur legiereté, & peu d'asseurance qui est en eux: Et les autres en vne grande, que la petite n'auoit sceu esbranler, ny desmentir de leur deuoir. Que s'il s'en trouue qui estiment trop tacquan & villain de faire plus de cas du denier que de l'Amitié; ou est ce que nous en pourrons recouurer qui ne luy preferent les honneurs, offices, charges publiques, dignitez, & richesses? Et que si ces choses leur sont offertes d'vn costé; & de l'autre toute la force & efficace de l'Amitié, ils ne les aiment beaucoup mieux? Car nostre nature est infirme à mespriser le credit & authorité; laquelle venans à obtenir l'Amitié laissee en arriere; ilspresuppo-sent qu'on les en doit excuser, pour autant que non sans bonne cause l'Amitié aura d'eux esté mesprisee. Au moyen dequoy les vrayes Amitiez sont fort mal aisees à trouuer en ceux qui sont ententifs aux honneurs, & occupez au maniement de la Chose-publique. Car ou rencontrerez vous celuy la qui vueille preferer l'honneur & aduancement de son compaignon au sien propre? Quoy? (affin de laisser ce propos) combien semble il grief & facheux à la plus part de communiquer aux infortunes de ses amis? ausquelles on ne trouue pas aiseement personne qui se vueille abbaisser: Combien qu'Ennius aye dict, & fort bien: L'AMY CERTAIN SE VOIT EN DES CHOSES DOVTEVSES. Plusieurs neantmoins sont conuaincus d'inconstance & infirmité

mité par ces deux points : ou quant à leurs prosperitez ils contemnent leurs anciens amis ; ou s'ils les abandonnent en leur defortune. Celluy doncques qui en l'vn & en l'autre se monstrera posé, constant, & stable ; estimons le hardiment deuoir estre d'vne race la plus rare qui soit au monde, voire presque diuine. Mais le fondement ferm'asseuré de ceste stabilité & constance que nous cherchōs en l'Amitié, est la loyauté : Car il n'y a rien de stable qui soit infidelle. D'auantage il est bien raisonnable de choisir vn homme debonnaire, ouuert, & esgal ; conforme à nostre humeur, & qui s'affectionne à cela mesme à quoy nous sommes inclinez. Toutes lesquelles choses appartiennent à la loyauté : Car fidelle ne sçauroit estre vn esprit double, & qui va tortillonnant : Ne celuy ferme & constant, qui n'a tout vn mesme goust auecques nous, & ne conuient de naturel. Il y faut puis apres adiouster ; qu'il ne se plaise en aucune sorte aux mesdisances & calomnies, ne qu'il croye legieremēt à des faux rapports ; car tous ces points regardent ceste cōstance dont ie parlois n'agueres. Par ainsi cela vient à estre veritable que i'ay dict du commancement ; l'Amitié ne pouuoir estre sinon entre gens de bien, pource que c'est le faict d'vn Preud'homme (que nous pouuons bien aussi appeller Sage) de retenir ces deux maximes en l'Amitié : La premiere qu'il n'y ait rien de feint ne dissimulé: estant chose plus franche beaucoup, & qui resent trop mieux son cœur noble, de hayr quelqu'vn apertement : que de cacher en son visage ce que lon couue sur le cœur: En apres, que non seulement nous reiections ce que l'on nous voudroit flagorner aux oreilles: mais bannir encore de nous tout soupçon, presumant à toutes heurtes que nostre amy ait en rien forfaict, ne faulsé son deuoir enuers nous. Qu'vne gracieuseté outreplus y interuienne, & de paroles & de comportemens: Ce qui n'ameine peu de saueur à l'Amitié. Au contraire que le chagrin & melancolie en soient forclos; l'austerité pareillement morne & rebarbatiue: Car encore que cela sente le graue, l'amitié doibt estre plus esbaudie, libre, & ioyeuse, & plus inclinee à toute courtoisie & doulceur. Mais en cest endroict se presente vne question aucunement malaisee à soudre, à sçauoir mon si nous deuons faire plus de cas des nouueaux Amis, dignes neantmoins de nostre Amitié, que des anciẽs; tout ainsi que nous auons accoustumé de preferer des ieunes poullains à de vieux cheuaux, lequel doute certes est indigne de l'homme, qui ne se doit iamais saouller d'amitiez, ainsi que des autres choses. Les plus vieils Amis, ceux aumoins qui peuuent souffrir la vieillesse, doiuent estre les plus sauoureux par raison. Et ce qu'on dict communement est bien vray, qu'il faut manger plusieurs boisseaux de sel ensemble, auãt que de faire vn acōpli chef d'œuure d'Amitié. Que si les nouuelletez nous donnent esperance de quelque fruit aduenir, comme on voit és plantes nō mēsongeres ny abuseuses; on ne les doit pas à la verité reiecter: Toutefois il faut cōseruer les anciennes en leur reng: car l'ancienneté & acoustumance ont vne tresgrande force. Et de fait, pour le regard du cheual dont ie vien de parler à ceste heure; il n'y a personne) si quelque chose ne l'en empesche qui n'vse plus volontiers que de celuy que de longuemain il cognoist, que d'vn tout nouueau venu, & qui n'aura encore esté dōpté. Ce qui n'a pas lieu seulement en vn animal qui a vie, ains és choses priuees de sentimēt: Veu que nous nous plaisons bien és montaignes, & dans les forests ou nous auons lōguement pris nostre nouriture. Mais la plus grande chose qui puisse estre en l'Amitié, est que le superieur se face égal à l'inferieur: Parce que souuentefois il se trouue des perfections excellentes, telle que Scipion en nostre (s'il le faut dire ainsi) trouppeau. Ce personnage onques ne se voulut preferer à Philus; onques à Rutilius; onques à Mummius; onques à pas vn de ses autres Amis, voire d'vn plus bas ordre & qualité: Là ou il respectoit comme son superieur, son frere Q. Maximus, galland homme de vray: Toutefois ne se pouuant aucunement mesurer à luy; Pour raison qu'il l'aduançoit d'aage: Desirant de veoir tous les siens en plus grande autorité & reputation qu'il n'estoit luy mesme. Ce que tous doiuent faire & imiter à ce que s'ils ont obtenu quelque preeminence de Vertu, d'Entendement; de Bon-encontre ils en facent part à ceux qui leur appartiennent, & le communiquent à qui leur touche de prez: afin que s'ils ont des parens foibles ou d'esprit, ou de biens, ils les mettent plus à leur aise; & leur seruent de fueille & de Lustre. Tout ainsi qu'es fables, ceux qui pour quelque temps par l'ignorance de leur race, & du lieu dont ils sont sortiz, auront esté mis au reng des vallets; apres qu'ils sont recongneuz & aduouez estre enfans ou des Dieux ou des Rois, retiennent neantmoins la mesme Amour & respect enuers les Pasteurs que par quelques anneesils auront creu estre leurs peres. Ce que l'on doit bien plus exactement obseruer alendroit de ses vrays & certains pere & mere: Car le fruit de l'esprit, & de la Vertu que l'on peut auoir, se cueille lors principalement quand on l'employe & le depart enuers ses plus proches parens. Tout ainsi donques qu'en l'estroit lien d'amitié, d'alliãce & de compagnie, les superieurs se doiuent rendre esgaux aux inferieurs: De mesme les inferieurs ne doiuent point estre marriz de se veoir surmonter de ceux qui leur sont Amis; ou d'entendement, ou de bon-heur, ou de dignité: Dont neantmoins la plus part sont tousiours à se plaindre ou venir aux reproches; mesmement s'ils pensent

ſent pouuoir alleguer quelque choſe qu'ils aiēt faite d'vn franc vouloir en Amy, & auecques peine. Tresfacheuſe certes race de gens, de reprocher ainſi le plaiſir qu'ils font; duquel ſe doit ſeulement ſouuenir cil qui le recoit, & non le ramenteuoir celluy dont il part. Au moyen de quoy ny plus ny moins que ceux qui ſont les ſuperieurs ſe doiuent rabaiſſer en l'Amitié; les inferieurs ſe doiuent de l'autre part aucunement exalter. Car il y en a quelques vns qui rendent leurs amitiez ennuieuſes, quand ils ſe mettent en opinion qu'on les meſpriſe: Ce qui n'aduient guere ſouuent ſinon à ceux qui ſe repputent contemptibles; leſquels on doit oſter hors de ceſte opinion, non ſeulement de parolles, mais d'effects auſſi. Neātmoins il ne faut en premier lieu octroyer à chacun que ce que vous luy pouuez accomplir: Puis apres, autant que celuy que vous aimez, & voullez aider eſt capable d'en receuoir: Parce que vous ne ſçauriez pas, quelque credit que vous ayez, aduancer aux plus grands charges & honneurs tous ceux qui vous appartienent; en ſemblable que Scipion à bien eu le moyen de faire P. Rutilius Conſul; ſon propre frere Lucius, il ne put. Et encore que vo⁹ puiſſiez deferer toutes choſes quelconques à vn autre, ſi faut il veoir neātmoins ce qu'il peut porter. En quelque ſorte que ce ſoit il ne faut point iuger des Amitiez, que l'eſprit & l'aage ne ſoient deſia bien eſtabliz, & bien fermes. Ne ſi aucuns en leur ieuneſſe ont eſté adonnez à la chaſſe, ou au ieu de paume, tenir pour Amis intimes ceux là qui auront aimé le meſme exercice. Car ſi ainſi eſtoit, les nourriſes & les precepteurs par droit d'ancienneté deuroient eſtre les mieux Aimez: leſquels à la verité il ne faut pas meſpriſer: mais il y a quelque autre maniere de leur porter honneur, & leur bien voulloir. Autremēt les Amitiez ne pourroient eſtre iamais permanētes: car les conditions diſſemblables appliquent leur ſoin & entente à des choſes auſſi diſſemblables: Ce qui fait rompre les Amitiez. Ne pour autre raiſon que ce ſoit les gens de bien ne peuuent eſtre Amis des meſchans; Ne les méchans des gens de bien, ſinon d'autant qu'entreux eſt la plusgrande diſtāce de mœurs & inclination qui puiſſe eſtre. On peut encore à bon droit ordonner és Amitiez, que perſonne par vne trop deſreiglee bienuueillance (ce qui ſe fait le plus ſouuent) n'empeſche de grandes commoditez à ſes Amis. Car (pour retourner aux fables) Neoptolemus n'euſt iamais pris Troye ſ'il euſt voullu croire Licomedes chez qui il eſtoit nourry; le voullant à force de larmes diuertir de ce voyage. Et bien ſouuent ſuruiennent des occaſions grandes, qu'il nous faut departir d'auec noz Amis; leſquelles celuy qui ſe met en deuoir de les empeſcher pour ne pou-

pouuoir facilement ſupporter ceſte abſence, ſe monſtre foible de cœur; flacque & mol de ſon naturel; & pour ceſte occaſiõ peu iuſte & raiſonnable en Amitié. Parquoy il faut conſiderer en toutes choſes ce dont vous requerez voſtre Amy; & ce que vous luy permettrez obtenir de vous. Il y a auſſi comme ie ne ſçay quelle affliction, qui eſt par fois neceſſaire pour delaiſſer les Amitiez: Car de ce pas noſtre propos ſe veut eſcouler des accoinctances & familiaritez des gens ſages, aux amitiez vulgaires. Or bien ſouuent quelques vices & imperfections des Amis ſe deſbandent, ou contre les Amis propres, ou contre d'autres; dont neantmoins le blaſme redonde ſur les Amis. Au moyen dequoy de telles amitiez on ſe doit doulcement defaire, en intermettant de ſe plus hanter: Et comme i'ay oy dire à Caton, les deſcoudre pluſtoſt que coupper tout à trac: Si quelque iniure inſupportable ne s'enflamme deſorte, qu'il ne ſoit ny raiſonnable, ny honneſte; & ne ſe puiſſe plus faire autrement que tout ſoudain l'on ne viẽne à rõpre, & à s'allienner l'vn de l'autre. que ſi (cõme il auient ordinairement) quelque changemẽt ſe faiſoit de conditions; ou de volontez ou qu'vne partialité interuinſt és ligues & factiõs de la Choſe-publique (car ie parle ainſi que i'ay n'aguere dit, non des Amitiez des gens ſages, ains des vulgaires & communes) il ſe faut treſbien donner garde, qu'il ne semble que non seulement nous ayons voullu delaisser noz Amitiez accoustumees, mais entrer d'abondant en vne maluueillance & rancune: Parce qu'il ny a rien de plus mal seant, ny plus laid, que de prendre noise à celluy auec lequel vous aurez amiablement vescu. Vous sçauez comme Scipion s'estoit à mon occasion retiré de l'Amitié de Q. Pompeius; Et pour la dissention qui estoit en la Chose-publique, estrangé de Metellus mon compaignon en la dignité d'Augure. L'vn & l'autre il le fit poseement, & sans trop grande animosité ne rigueur. Parquoy il faut premierement mettre peine, qu'il n'aduienne point de diuorses entre les Amis; & si quelque chose de tel suruenoit, que les Amitiez semblent plus tost s'estre doucement esteintes d'elles mesmes, qu'estouffees & amorties de force. Euiter aussi qu'elles ne se tornent en de griefues inimitiez; dont s'engendrent le plus souuent de grosses altercations & debats, mesdisances, inuectiues, & parolles iniurieuses: Lesquelles il faut endurer, si aumoins elles sont legieres & tollerables. Car l'on doit deferer ce respect & honneur à l'ancienne Amitié, que celuy qui fait vne iniure en boiue luy mesme la honte, & non celluy qui la souffre & reçoit. De tous lesquels vices & incommoditez, le seul moyen de s'en garantir & sauuer est que nous ne soyons point trop

hastifs

hastifs à mettre nostre Amitié nulle part; mesmement en ceux qui ne le meritent. Dignes au reste de l'Amitié sont ceux, ou il y a quelque cause de les aimer; mais fort rare est ceste maniere de gens: aussi toutes choses excellentes sont rares: & n'y a rien plus difficile que d'en rencontrer vne parfaite endroit soy de tous points. La plus part toutefois ne recognoist rien de bon & louable parmy les hommes, sinon ce qui leur peut amener du proffit: Et aiment leurs Amis ny plus ny moins que le bestail; ceux la principalement dont ils cuident tirer quelque fruit & vtilité: Parquoy ils sont priuez de ceste tresbelle, & tres-naturelle Amitié, de soy, & pour soy desirable. Et ne se peuuent seruir à eux mesmes d'exemple, pour sentir quelle & combien grande est ceste force de l'Amitié: Car chacun s'aime, non pour exiger de soy mesme quelque salaire de l'Amitié qu'il se porte, mais pource que chacun se veut bien, & s'agree. Que si le mesme ne se transporte en l'Amitié, iamais vn vray Amy ne se trouuera: Car celuy la est Amy de vray qui est comme vn autre soy mesme. Et si tant est que cela se manifeste és animaux, en la volatille des champs, és poissons, és porcs, és bestes priuees & sauuages; En premier lieu de s'aimer (car cela naist ensemblemẽt auec toutes les choses qui ont vie) Puis apres de chercher & en appeller à soy d'autres de la mesme espece, auec qui s'apparier & conioindre: Ce qu'elles font auecques vn desir, & conformité ie ne sçay quelle à l'Amour de l'homme; Combien plus cela se fait il naturellement en luy; qui s'ayme soy mesme, & en acquiert encore vn autre: Le cœur & voulloir duquel il mesle de telle sorte auecques le sien, que de deux il n'en fait qu'vn seul? Mais plusieurs iniquement, ie ne diray pas impudemment, taschent d'auoir vn Amy tel qu'ils ne sçauroient estre. Et ce qu'ils ne voudroient octroyer à leurs Amis, ils desirent neantmoins de l'obtenir d'eux. Or il fault qu'auant tout œuure il soit preudhomme; & puis en chercher vn semblable à soy. En telle sorte de gens, celle dont n'agueres nous discourions, permanence de l'Amitié, se peut establir ferme & seure; Quād des personnes liees ensemble par vne beneuolence mutuelle, premierement maistriseront les concupiscences à quoy les autres s'assugettissent: En apres qu'ils se complairont à l'equité & iustice; & se souzmettront l'vn pour l'autre à toutes choses; sans que iamais ils s'entrerecherchent de rien qui ne soit raisonnable & honneste. Et ne s'honoreront pas entr'eux seulement, ny ne s'entr'aimeront; mais se respecteront auecques cela: Car quiconque oste la crainte & la reuerence de l'Amitié, par mesme moyen il oste le plus grand ornement qu'y puisse estre. Tellement que c'est vne

erreur

erreur fort pernicieuſe, de ceux qui ſe perſuadent vne licence de toutes lubricitez & maluerſations leur eſtre ouuerte en l'Amitié: laquelle nous a eſté octroyee de la nature pour vne aide & ſecours de vertus, & non compagne de vices: Afin que la vertu, ſi elle eſt ſolitaire, ne pouuant paruenir aux choſes grandes, y attaigne accompaignee auec vn autre. Que ſ'il y a de la ſocieté entre quelques vns, ou ait eſté, ou le doiue eſtre; il la fault reputer & tenir comme pour vne tresbonne & heureuſe eſcorte qui les conduiſe au Souuerain bien: Ceſte ſocieté dis-ie, en laquelle toutes les choſes conſiſtent que les hommes eſtiment deſirables: honneſteté, gloire, repos d'eſprit, & ioyeuſe recreation: De maniere que la vie eſt heureuſe & contente ou cela ſe retreuue: autrement elle ne le peut eſtre. Ce qu'eſtant de ſoy & tresbon & treſgrand; ſi nous y voullõs atteindre il nous fault addonner à vertu; ſans laquelle ny l'Amitié, ny autre choſe bonne & honneſte ne ſe peut iamais obtenir. Que ſi nous la negligeons, ceux qui penſent auoir des Amis ſe trouuent bien loing de leur compte; quand quelque griefue faſcherie & aduerſité leur ſuruient, qu'ils ſont contraints d'en faire vn eſſay. Au moyen dequoy (car il le fault reiterer pluſieurs fois) il faut cognoiſtre & puis aimer; & nom-pas aimer puis cognoiſtre. Mais comme en beaucoup de choſes nous ſoyons chaſtiez par nonchallance, cela aduient principalement à faire election des amis; les aimer, respecter, frequenter: Car le plus souuent nous mettons la charruë deuant les bœufs; d'autant que nous prenons conseil de faire vne chose qui est desia depeschee; ce que le vieil prouerbe nous defend. De maniere que nous estans legierement engagez de costé & d'autre, ou par vne accoustumãce ordinaire, ou par quelques plaisirs & obligations reciproques; tout soudain au milieu de la course, nous venons à rompre les Amitiez par quelque offense & desplaisir qui naist à la trauerse; dont d'autant plus doit estre blasmee vne si grande incuriosité en chose necessaire: Car l'Amitié est toute seule parmy les affaires du monde, de l'vtilité de laquelle tous d'vne voix sont d'accord, combien que la vertu mesme soit mesprisee de plusieurs, qui ne l'estiment fors qu'vne parade & ostentation. Plusieurs aussi contemnent les richesses, se contentans d'vne simple & basse maniere de viure. Mais quand aux honneurs; de la friandise desquels aucuns sont si ardamment enflammez; combien de gens y a il qui les desdaignent de telle sorte, qu'ils n'estiment rien de plus vain ny friuole en ce mõde. Les autres choses, encore qu'elles semblent tresadmirables à quelques vns, il y a assez de personnes qui les tiennent & reputent pour rien: Mais de l'amitié tous en general conuiennent

nent

nent ensemble; & ceux qui se sont embarquez au maniement des affaires publicques, & ceux qui se delectent en la cognoissance des belles choses, & en la doctrine; & ceux qui viuent en oisiueté de leurs rentes; & finablement ceux qui sont du tout abandonnez aux voluptez & delices; que sans l'amitié ils ne recognoissent aucune vie; si au moins on veut viure en gens bien naiz & nourriz: Car l'Amitié se coulle & espand ie ne sçay comment par la vie de toutes personnes; sans permettre vne seule maniere de passer le cours de son aage estre exempte d'elle. Voire mesme si quelqu'vn se trouuoit d'vne si sauuage & farouche nature, qu'il voulust abhorrer toutes rencontres & compagnies; tel que nous auons entendu auoir esté autresfois ie ne sçay quel Timon à Athenes; si ne pourroit il neantmoins euiter à la longue, d'auoir quelqu'vn à qui desgorger le poison de ceste sienne solitude & austerité. Ce que fort bien l'on apperceuroit, si quelque chose de tel pouuoit arriuer; Qu'vn Dieu nous bannist du tout de la frequentation des personnes, & nous logeast en quelque solitude ou desert; la ou nous fournissant abondamment tout ce que la nature peult desirer; & nous priuast de toute commodité & moyen de veoir personne quelconque; Qui seroit celuy si endurcy & ferré qui peust comporter vne telle vie; & auquel ceste solitude n'ostast le fruict &

iouissance de toute volupté & plaisir? Donques cela est bien vray que soulloit dire à mon aduis Architas de Tarente, selon que ie l'ay oy racompter à nos anciens l'auoir entendu & apris d'autres plus vieils qu'eux: Que si quelqu'vn estoit monté dans le ciel ; là où il peust contempler à son aise la nature du Monde, & la beauté des corps celestes ; ceste admiration luy demourroit sans aucune suauité ne douceur; qui autrement luy seroit tresagreable & plaisante s'il auoit quelqu'vn à qui la communiquer. Parainsi la Nature n'aime rien de solitaire, ains tẽd tousiours à rencontrer quelque appuy & soustenement; qui est sauoureux tout outre, & tresdoux en vn chacun parfait amy. Mais encore que par tant de signes la nature nous declare ce qu'elle veut, cherche, & desire; nous y faisons neantmoins l'oreille sourde ie ne sçay comment ; & n'oyons point les choses dont nous sommes par elle admonnestez: Car l'vsage de l'Amitié est de plusieurs sortes & manieres toutes differentes ; & beaucoup d'occasions suruiennent pour entrer en defiance & soupçon l'vn de l'autre; De se courroucer aussi, lesquelles c'est le fait d'vn homme bien sage de pouuoir euiter, ou r'adoucir, ou supporter. Quoy que ce ce soit, il en fault tousiours forclorre le despiteux mescontentement & courroux: affin de conseruer en l'Amitié le fruict qu'on en doit cueillir, & la loyauté

loyauté requise. Car il est besoing bien souuent de remonstrer à ses amis, voire les tanser quelquesfois: Neantmoins tout cela se doit prendre amiablement, & en bonne part. Au reste ie ne sçay bonnement comme cela puisse estre vray, que mon plus familier Amy Terence a dit en sa Comedie d'Andrie: L'obtemperer fait des amis; la Verité des ennemis. Car la verité doibt bien estre ennuieuse, si d'elle vient à naistre la haine; qui est le vray poison d'Amitié: Mais la conniuence & dissimulation le sera bien plus; par ce que fermant les yeux aux fautes de son Amy, on le laisse bien & beau transporter en vn precipice: Au moyen dequoy celluy là est le plus fort à blasmer, qui ne veut pas qu'on luy die ses veritez, affin que par flatterie & assentation il se laisse aller à vn mauuais train. Toute la consideration doncques, & la diligence qu'on doibt auoir en cest endroict, est en premier lieu, Que nos admonestemens soient sans aigreur les reprehensions puis apres sans iniures: Et l'obtemperer à ses Amis (car nous vsons volontiers du mot de Terence) accompaigné d'vne courtoisie & douceur: Mais la flatterie, vray support & maintenement de tous vices, chassée au loing, comme du tout indigne non seulement de l'Amy, ains de toute personne encore de franc courage, & de condition non seruile. Car il fault viure d'vne autre façon auecq vn Tyran, & d'vn autre auec son amy. De celluy au-surplus dont les oreilles sont tellement estouppees à la verité qu'il ne peut oyr de son Amy la moindre chose de veritable, il n'en faut plus rien esperer de bon: Et pourtant Caton a parlé fort proprement en ce qu'il a dict; Que les plus partiaux ennemis font d'auantage pour quelques vns, que ceux de leurs amis qui se monstrẽt trop doulx & obsequieux: Par ce que ceux là leur dient bien souuent verité; & ceux cy iamais. Cela est aussi bien impertinent & absurde; que ceux à qui l'on remonstre n'en preignent pas la fascherie qu'ils deuroient, & prennent celle dont ils se deuroient exempter: Car ils ne se faschent pas d'auoir failly, & sont marris qu'on les en blasme & repreigne: Là où au contraire il se faudroit contrister du delict; & se resioyr d'en estre tanssé. Comme doncques le propre de l'Amitié soit de remonstrer, & qu'on nous remonstre; dont il faut faire l'vn librement, mais hors d'aspreté & rigueur; & endurer l'autre patiemment sans y contredire; Aussi faut il croire qu'il n'y a point de plus grand' peste és amitiez, que la flatterie, les blandissemens, & desir de complaire: Car il faut remarquer par plusieurs noms vn vice propre & familier aux legeres personnes, pleines de tromperie & falace; qui tirent tous leurs propos à la volupté, & rien que ce soit à la verité. Et comme en toutes choses la dissimula-

tion

tion ſoit fortvicieuſe, d'autant qu'elle oſte le iugement de ce qui eſt vray, & le peruertiſt & corrompt; elle contrarie ſur tout à l'Amitié, parce qu'elle efface la verité, ſans laquelle le nom d'amitié ne ſert ny proffite de rien. Si donc toute la force & efficace de l'Amitié conſiſte en ce que vn ſeul preſque & vnique vouſoir vienne à ſe former de pluſieurs; cõment cela ſe pourra il faire, ſi meſme en vne ſeule perſonne vn vouloir ne ſe trouue pas ſeul ny touſiours, pareil mais differend, variable, & de pluſieurs ſortes d'humeurs? Et quelle choſe pourroit eſtre ſi aiſee à ployer, & muer, ne ſi deſuoyee du droit chemin, que l'eſprit de celuy qui ſe tournevire à toutes heurtes; non ſeulement à l'opinion & volonté d'autruy, mais encore à ſa mine, & au moindre ſigne & clin d'œil qu'il luy face? Quelqu'vn le nye-il, ie le nye: Le dit il; faut que ie le die: Ayant gaigné cela ſur moy, d'approuuer tout pour vne loy: Comme dit le meſme Terence; mais ſoubs le perſonnage de Gnaton: Laquelle eſpece d'Amis approcher pres de nous, c'eſt vne par trop grande follie & legiereté. Or il ſe trouue aſſez de ſemblables Gnatons; combien qu'ils ſoient de meilleure maiſon, plus riches, & de plus de reputation & credit; la flatterie deſquels eſt importune & ennuieuſe, quand la grandeur & authorité ſadiouſtent à leurs vaines adulations & menſonges. Toutesfois il eſt auſſi facile de discerner vn Amy feint d'auec le vray, si l'on y veut de pres prendre garde; comme toutes les autres choses sophistiquees, des pures & vrayes. L'assemblee du peuple qui consiste de gens ignorans, a bien neantmoins accoustumé de iuger quelle difference il y a entre le Citoyen populaire, c'est à dire celluy qui par benins ama douëmens mendie la bonne grace & faueur du peuple; & le Preud'homme graue & seuere. Par quelles attrayantes parolles C. Papyrius Consul n'agueres, taschoit il de se couller aggreablement és oreilles de la Commune, quand il proposoit le decret de continuer les mesmes Tribuns du peuple? Nous l'empechasmes: Mais ie ne veux rien dire de moy; de Scipion i'en parleray plus volontiers. qu'elle fut ô Dieux immortels ceste grauité, & combien grande la maiesté de son langage? Certes vous l'eussiez bien pris aiseement pour le chef du peuple Romain, & non pour l'vn de ses membres & concitoyens. Mais vous y assistastes; & auons encore la harengue qu'il fit: Au moyen dequoy vn edit, nonobstant qu'aggreable au peuple fut reiecté neantmoins par ses voix & suffrages. Pour retourner maintenant à moy; vous vous pouuez assez souuenir comme Q. Maximus frere de Scipion, & L. Mancinus estans Consuls; combien aggreoit à tout le peuple la loy de C. Licinius Crassus touchant les Sacerdoces

&

& Prestrises; car le droit de nomination aux prebendes & places vacãtes, venoit par la estre transferé à la faueur & beneficence du peuple: Et fut le premier qui institua; qu'en harenguant à iceluy on auroit la face tournee vers le marché: Mais moy ayant pris contre luy en main la deffence de ceste cause; l'honneur & deuotion des Dieux immortels preualut aiseement à son oraison mercenaire & venale: Toutes lesquelles choses passerent moy estant Preteur, cinq ans auparauant que ie feusse Consul: Tellement que cest affaire se sauua & garantit plus par la qualité de la chose, que par mon authorité. Que si ainsi est qu'en vne Scene & theatre ou se iouent des ieux: Esquels les choses feintes & desguisees ont le plus de lieu; le veritable le guagne & emporte; si toutesfois il est bien mis en euidence & esclarcy comme il faut; Que faut il faire en l'Amitié qui doit estre toute examinee & congneuë par la verité? Enquoy (ainsi que l'on dit) si vous ne voyez l'estomac tout à descouuert, & ne monstriez de mesme le vostre, vous n'y pourrez rien posseder de sincere, ny de loyal; rien d'asseuré & certain; nompas mesme aimer ny estre aimé; quand vous ne pourrez discerner quelle verité il y peut auoir. Combien toutefois que ceste flatterie, quelque pernicieuse qu'elle soit, ne puisse estre preiudiciable à personne, sinon à celuy qui l'admet volõtairement,

&ſ'y complaiſt: De la vient que celuy la preſtera le plus volontiers l'oreille aux flatteurs, lequel a de couſtume ſe flater ſoymeſme, & de ſ'agreer le plus: Car la Vertu ſ'aime totallemēt, parce qu'elle ſe cognoiſt fort bien, & entend comme elle eſt aimable. Toutesfois ie ne parle pas icy de la vraye vertu, ains d'vne opinion & apparence exterieure d'icelle, pource que la plus grand' part des perſonnes ne cherchent pas tant d'en eſtre ornees reellement, comme de le paroiſtre: Et ce ſont ceux à qui la flatterie plaiſt; auſquels lors qu'on vient tenir vn langage forgé tout expres conforme à leur gouſt & contentement, ils cuident que ce vain propos ſoit vn ſeul teſmoignage de leurs louenges. Parquoy ceſte Amitié eſt nulle; quant l'vn ne veut oyr verité, & l'autre eſt tout preſt à mentir: Car la flatterie des eſcornifleurs Paraſites, & des Courtiſans és comedies ne nous plairoit tant, ſi par meſme moyen les Guerriers n'eſtoiēt glorieux & ſuperbes. Thais de ſi grands mercis me dit elle? Il ſuffiſoit de reſpondre; Grands de vray: mais il adiouſte Tresque grans: Car le flateur augmente touſiours ce que celuy au gré duquel on vient à parler, veut eſtre grand. Au moyen dequoy, encore que ceſte douce menterie & emmiellee n'ait credit qu'alendroit de ceux qui eux-meſmes l'allechent, ſemonnent, & attirent; Si eſt ce que les plus Sages & conſtans doiuent eſtre aduertiz de ſe de se garder d'estre attrapez d'vne fine & rusee assentation: Car il n'y a personne qui ne s'apperçoiue bien d'vn qui flate à descouuert; si d'auenre il n'est du tout despourueu d'esprit: Mais du caut & dissimulé, il se faut soigneusement prendre garde, qu'il ne s'accoste & prenne pied; n'estant pas bien aisé de le discerner; parce que le plus souuent il flatte en contredisant: Et en feignant de soustenir le contraire, il complaist: Si qu'à la parfin il se rend, & endure d'estre vaincu, à ce que celuy qui est engeolé s'estime auoir eu vne plus magnifique victoire. Et de fait qu'est ce qui sçauroit estre plus honteux que cecy? Ce qu'il fault d'autant plus euiter qu'il n'aduienne, Ainsi qu'en l'Epicureen:

Ce iourd'huy sur tous mes Amis
Viellards, radottez estourdiz,
Tu m'auras mocqué à plaisance,
Et chapitré à toute outrance.

Car c'est vn tressot & badaut personnage qu'on introduit és Comedies, que des vieillards imprudens & legiers à croire. Mais ie ne sçay comme nostre propos des Amitiez des hommes parfaits, c'est à dire Sages (de ceste Sagesse parle ie qui semble pouuoir tomber en l'esprit de l'homme) s'est coullé en ces legieres & inconstantes. Retornons doncques à celuy que nous auions premierement entamé, afin de le conclurre quelque fois. La vertu dis-ie à vous

Fannius, & à vous Mutius, est celle qui engẽdre & attire; les Amitiez les maintient pareillement & cõserue: Car en elle gist vne conformité des choses, & vn durable establissement; laquelle quãd elle s'est haussee en euidẽce, & a monstré sa splendeur: quelle là quand & quand recogneue en vn autre; elle s'en approche, s'y applique du tout, & reçoit reciproquement ce qui y est. Tellement que de la conionction des deux vient à s'entr'allumer ou vng Amour, ou vn Amitié: Car l'vn & l'autre viennent d'Aimer: Pourautant que l'Aimer n'est autre chose sinon de voulloir bien à la personne qu'on aime; sans qu'il y soit autrement question ny d'indigence, ny de commodité & proffit: lequel neantmoins germe & fleurist de l'Amitié; encore que vous ne l'ayez prochassé de ceste beneuolence. Nous estans encore bien ieunes, auons aimé ces bons vieillards; L. Paulus, M. Cato, C. Gallus, P. Nasica, Tib. Graccus beau pere de nostre Scipion. Mais elle reluist & paroist bien mieux entre ceux la qui sont d'vn mesme aage; Comme entre Scipion & moy; L. Furius, P. Rutilius, Sp. Mummius. Et en contr'échange, estans vieils deuenus nous nous arrestons & prenons plaisir à aimer des adolescens; ny plus ny moins que l'accointance & conuersation de vous autres, de Q. Tubero fort ieune encore, & P. Rutilius, nous est merueilleusement aggreable. Or pource que tout

tout le cours de nostre vie, & nostre inclination naturelle sont disposez à cela, qu'vn aage viét à naistre d'vn autre; on doit bien desirer de pouuoir viure auec ses pareils, & d'vn mesme temps; à ce qu'estans laschez de la barriere tout d'vne main par ensemble, l'on puisse quand & eux (ainsi qu'on dit communement) arriuer de cõpagnie au bout de la course. Mais pour autant que les choses humaines sont fort fresles & de peu de duree; il nous faut tousiours acquerir quelques vns que nous aimions, & dont nous soyons reaimez: car la dilection & bienuueillance ostees du monde, toute douceur & recreatiõ est quant & quant effacee de nostre vie. Et encore que Scipion m'ait esté enleué d'vne mort si prompte & soudaine; si vit il toutesfois, & viura à iamais: Car i'ay tousiours aimé la vertu de ce personnage, qui ne s'est point esteinte auecques luy. Et non seulement est elle sans cesse deuant les yeux à moy, qui l'ay ordinairement praticquee & euë en main, mais à ceux qui viendront cy apres sera elle fort signalee & illustre: Ne iamais homme conceura choses grandes en son entendement & espoir, s'il ne se propose la memoire & la remembrance de ce personnage. Quant à moy, de toutes les choses que la fortune ou la nature m'ont eslargies, ie n'ay rien que ce soit qui se puisse paragonner à l'Amitié de Scipion. En elle vn mesme aduis & consentement de la Chose-publique: En elle vne mesme resolution de nos affaires domestiques: En elle mesme i'ay trouué vn repos plein de tout plaisir & contentement. Iamais ie ne l'offensay que ie sçache en la moindre chose du mõde: Ie n'ois oncq rien facheux de luy, ne qui me depleust. Vne seule maison nous estoit commune à tous deux: Vne seule table commune à l'vn & à l'autre: Et non seulement à la guerre, mais és voyages les plus loingtains; & au seiour & demeure des champs, nous auons tousiours vescu en commun par ensemble. Car que diray ie du soing & desir qu'il auoit de cognoistre & apprendre tousiours quelque chose? En quoy esloignez de la veuë du peuple nous auons employé tout nostre temps & loisir. Desquelles choses, si la memoire & souuenance fust perie auecq luy; ie ne pourrois aucunement supporter le regret d'vn si intime & parfaict AMY: Mais rien de cela ne s'en est allé, ains se nourrist & accroist plus en nostre pensee. Que si i'en estois priué du tout, la vieillesse neantmoins où ie suis me donneroit quelque reconfort; Par ce que ie ne puis pas demeurer longuement en ce desir de le reuoir: Car toutes choses qui sont briefues, doiuẽt par raison estre les plus tollerables, pour quelques grandes qu'elles soient. Voila doncques ce que i'ay eu à discourir de l'Amitié: Vous exhortant ce qu'il m'est possible, que vous teniez en ce rég:

&

& degré la vertu (sans laquelle sa ccompaigne ne peult consister) qu'elle exceptee vous n'estimiez rien de plus excellent en ce monde, qu'vne bonne & loyalle Amitié.

FIN.

LE TOXARIS DE LVCIAN.

ARGVMENT.

EN ce dialogue, Lucian s'efforce de recommander la dignité & les effects de l'Amitié; introduisant Toxaris & Mnesippus; l'vn Scythe, & l'autre Grec, qui magnifiet chacun endroit soy, la loyauté & perseuerance qu'on y doit garder: Et ameinent là dessus à l'enuy l'vn de l'autre pour la gloire & louenge de leur pays, quelques exemples de la preuue qu'en ont faict certains personnages de leur temps; lesquels n'ont point differé de s'exposer volontairement à toutes sortes de perils & deuoirs les vns pour l'amour des autres. L'occasion au reste, & le subiect de ceste gracieuse dispute, est tirée de l'anniuersaire que souloiet faire les Scythes à la memoire & reuerence de Pylades & Orestes: L'vn de ces deux qui sont icy introduits s'esmerueillant, & demandant la cause pourquoy les Scythes deferent ainsi des honneurs diuins à des estrangers, qui sont mesmes leurs ennemis: Et l'autre luy declarãt la grande & fidelle Ami*ié qu'ils s'entreporterent tant qu'ils vescurent; pour raison dequoy ils ont merité ceste gloire. Car il n'y a rien que les Scythes obseruent plus estroittement que l'Amitié; dont ils se prisent plus que de tout le reste.

ENTRE-

ENTREPARLEVRS, MNESIPPVS GREC, TOXARIS SCYTHE.

MNESIPPVS.

QV'ESTCE que vous dittes Toxaris? Ne sacrifiez vous pas à Orestes & Pylades entre vous autres Scithes; Et les croyez estre Dieux? TOX. Nous leur sacrifions de vray, & si ne les croyons pas estre Dieux pourtant; mais bonnes & saintes personnes. MNE. La coustume est elle donques parmy vous autres de faire aussi des offrandes aux gens de bien apres qu'ils sont morts, tout ainsi qu'aux Dieux mesmes? TOX. Non point cela tant seulement; car nous les honorons encore & de festes, & de processions solennelles. MNE. Et que pouuez vous attendre ny esperer d'eux? Car ce n'est pas pour gaigner leur bonne grace que vous les reuerez en la sorte, puis qu'ils sont hors de ce monde. TOX. Cela parauanture ne nuiroit de rien, d'auoir propices & fauorables ceux qui sont decedez; combien que nous ne le facions pas pour ceste seule occasion: Plus tost pensons nous faire chose vtile & proffitable pour ceux qui sont encore en vie, si nous sõlennisons la memoire des excellens personnages, & portons quelque honeur aux trespassez; Pourautant que nous esperons que plusieurs d'entr'eux se parfoceront de se rendre tels. MNE. Vous le prenez certes tresbien. Mais à quel titre auez vous particulierement tant respecté Pilades & Orestes, que vous les ayez voullu esgaller aux Dieux? Est-ce pource qu'ils furent vos hostes; ou (ce qui est bien plus grief & fascheux) voz ennemis? Car ayans par naufrage esté iettez en la coste de la Scythie, ils furent pris par les habitans du lieu, & emmenez pour les immoler à Diane. Mais ils se ruerent sur les geolliers & sergens; mirent leurs gardes en pieces, & massacrerent le Roy propre. Cela fait, s'estans saisiz de la religieuse, & de la Deesse encore, se sauuerent sur vne fregatte, au grand mespris & mocquerie des institutions & cerimonies des Scythes. Que si pour auoir fait toutes ces belles besongnes, vous leur portez vn tel respect & honneur; vous n'aurez pas beaucoup de peine d'en rẽdre plusieurs autres semblables à eux. Or ramenez maintenant en memoire tout le passé, depuis l'heure presente iusques à ces vieilles & esloignees antiquitez; pour veoir s'il vous sera expedient que beaucoup de tels Pilades, & Orestes abordent en voz contrees. Et certes si ainsi est, ie ne fais doute que bien tost vous ne demeuriez

meuriez à sec & de religion & de Dieux ; Puis que ceux qui vous estoient demeurez en ont ainsi esté transportez & banniz : De maniere qu'en lieu de Dieux vous attribuerez (comme ie croy) la diuinité & sacrifierez à ceux qui les seront venuz deposseder, & qui auront esté Sacrileges en vostre endroit. Qui si ce n'est pour ceste occasion que vous reuerez ainsi Pylades & Orestes, ains pour auoir receu d'eux quelque bien fait; A quel propos, veu qu'autrefois vous ne les auez pas estimez Dieux ; tout au rebours neantmoins vous les auez depuis declarez tels, en leur faisant des sacrifices: Et offrez maintenant des victimes à ceux la propres, que peu s'en fallut qu'eux mesmes n'en seruissent lors? Car à la verité toutes ces choses semblent bien dignes de risee, & repugnantes à ce que vous en auriez desia ordonné. Tox. Tout cela que vous venez d'alleguer (Mnesippus) est ce que nous admirons le plus en ces gens cy; pource que n'estans que deux seulement, ils oserent bien neantmoins entreprendre d'aller si loing hors de leur pays, & trauerser vne mer iusques adonc incognue à tous les Grecs, horsmis à ceux qui sur le grand Bucentaure Argo, passerét leur armee en la Colchide; sans pouuoir estre espouuentez des fables qu'on racompte encore, ny retenus du nom qu'on luy attribue, en l'appellant inhospitable; pour raison (à ce que ie pense) que tout alentour habitent gens farouches, sauuages, & malaisez à accointer. Puis apres quand ils se porterent ainsi brauement, qu'ils ne se voulurent pas contenter de s'en aller leurs bagues sauues, si par mesme moyen ils ne se vengeoient de l'outrage à eux fait par le Roy, & n'enleuassent la Deesse auecq eux faisans voile à tout. N'est ce pas doncques vn acte bien merueilleux, Et que tout ce qui est d'hommes parmy le monde ayans la vertu en admiration, ne iugent digne de quelque diuin honneur? Combien que ce ne soit pas cela que nous respectons tant en Orestes & Pylades; pour nous les faire ainsi tenir au reng des Heroes ou demy-Dieux. MNE. Mais à tout le moins direz vous maintenāt ce qu'ils ont fait outre cela, de si esmerueillable & diuin: Car entant que touche leur nauigation & voyage, ie ne vous monstreray pas peu de marchans plus diuins & à estimer que ceux cy, principalement les Pheniciens, qui d'ordinaire ne nauiguent pas seulement en la mer de Pont, ny iusques aux marez de la Meotide, mais parcourent & mesurent d'vn bout à autre toute l'estendue de la marine, tant la Grecque que l'estrangere: Et apres auoir chacun an fureté toutes les costes & riuages, s'en retournent sur la fin de l'Automne au logis. Il faut donq par mesme raison que vous les reputiez pour des Dieux: encore que la plus part ne soient que Tauerniers

niers & vendeurs de Salines. Tox. Efcoutez gentil Mnefippus, combien nous autres qu'on appelle barbares auons les bons perfonnages en trop meilleure opinion que vous. Car ny en Argos, ny Micenes, ne fe voit fepulture de marque de Pylades ny Oreftes; là ou chez nous f'en monftre vn temple defdié en commun à eux deux (comme il eftoit bien conuenable à vne telle paire d'Amis) & leur offre l'on des victimes; enfemble toute autre efpece d'honneur. Qu'ils fuffent eftrangers au refte & non Scythes, cela n'empefche de rien qu'on ne les eftime preud'hommes: Car nous ne vifons pas de quel pays foient les gens de valleur & de prix; ny ne leur portons point d'enuie, fi n'ayans efté de noz amis & confederez, ils ont fait neantmoins de belles chofes: Pluftoft admirans leurs hauts-faits, de la nous venons à les reputer pour noz domeftiques & concitoyens. Mais ce que principallement nous eftimons en ces deux cy, eft qu'ils nous ont femblé auoir efté les deux plus loyaux & parfaits Amis qui furent onques: Et feruy aux autres de mirouer & exemple: eftably quand & quand la loy, cõme il faut que les Amis participent à la fortune les vns des autres, toute telle qui leur peut arriuer. Dont certes ils ont fort bien merité d'eftre ainfi reuerez des Scythes, qui en cas d'Amitié ne ceddent à autres quelconques: ains en tiennent le premier lieu. Aumoyen de quoy tout ce qui leur aduint autrefois estans ensemble, ou qu'ils ont souffert l'vn pour l'autre, noz ancestres le grauerent en grosses lettres, en vne colomne de bronze dedans le temple d'Orestes: Et firent vne ordonnance là dessus, que ceste colomne seroit la premiere institution & escolle de leurs enfans, pour s'introduire en la memoire ce qui y estoit couché par escrit. Tellement que chacun d'entre nous oblieroit presque plustost le nom de son propre pere, qu'il n'ignoreroit les beaux faits d'Orestes & de Pylades. Car mesme dans le Porche du temple on voit representee d'vne ancienne platte-peinture, tout ce qui est cotté en la colomne; Assauoir Orestes nauigant auec son Amy; Puis comme leur vaisseau ayant esté brisé-rompu parmy les rochers de la coste, il est empoigné, & equippé en victime, ou Iphigenie met desia les mains, & le desdie pour le sacrifier. Mais en l'autre muraille droit à l'opposite, il est portraict desia deliuré des ses fers & liens, mettant à mort le Roy Thoas auec plusieurs autres Scythes: Finablement comme ils font voile, emmenans quand & eux Iphigenie & la Deesse: Les Scithes au reste en vain assaillent leur barque qui flotte desia, s'empoignans au gouuernail, & se parforceans d'y monter: Si bien qu'apres

s'estre

s'estre fort trauaillez pourneant; les vns griefuement naurez d'eux; les autres repoussez de la crainte d'en auoir autant, ils regaignent à nage le bord. Là on peut bien cognoistre quelle Amour & beneuolence ils monstrerent l'vn à l'autre en ce combat contre les Scythes : Car le peintre les a exprimez, chacun d'eux ne se donnant peine qu'on se iette sur luy, ains attentif tant seulement à repousser les autres qui s'addressent à son compaignon, & se mettre au deuant de luy pour le garentir des traicts qu'on luy lance, sans se soucier de mourir, pourueu qu'il sauue son Amy; dont il destourne ou reçoit en son propre corps les coups qu'on luy rue: De maniere qu'vne si grande bienuueillance; vne telle cōmunication de choses tristes & facheuses; loyauté, courtoisie, & deuoir; verité, & constance finablemēt d'vn Amour ferme l'vn enuers l'autre; Nous ne pouuons croire que cela soit vn fait de mortels, mais plustost qu'il parte de quelque plus haute & excellente nature, que n'ont accoustumé de montrer les communs & vulgaires hommes; qui cepēdant que l'on nauigue de vent fauorable s'indignent contre leurs Amis, s'ils ne les font participans egallement auec eux de tout ce qui leur aduient de prospere: que si le vent tant soit peu se retorne pour souffler au rebours, ils se retirēt soudain belles erres, & les laissent seuls pour les gages en leurs mesauentures & perils. Or fachez pour vray q̃ les Scythes n'estiment rien de meilleur en ce monde que l'Amitié; Et qu'il n'y a chose dont ils se glorifient plus que de pouuoir secourir leurs Amis, & de communiquer à leurs desastres & facheries: Tout ainsi qu'il n'y a point de plus grande honte & reproche enuers nous que de fausser l'Amitié iuree, & abandõner ses Amis au besoin. Pour ceste cause nous reuerons ainsi Orestes & Pylades pour s'estre mõstrez si excellens és vertus des Scythes, & mesmemẽt en l'Amitié, que nous admirõs plusque nulle autre chose. Au moyẽ dequoy nous leur auõs donné le surnom de Coraces, qui sonne en nostre langue comme qui diroit, les Dieux superintendãs d'Amitié. Mne. Ha ha Toxaris, à ce que ie voy les Scythes ne se sont pas entendus seulement à tirer de l'arc, & n'ont esté les plus valeureus de toutes autres au fait de la guerre; mais les plus propres encore à harenguer & persuader: Si bien qu'à moy qui de longuemain le pensois autrement, vous me semblez auoir bien raison de referer ainsi Orestes & Pilades au nombre des Dieux: Mais ie ne sçauois pas que vo⁹ fussiez si bon peintre aussi, car vous nous auez fort biẽ mis en euidence ce qui est portrait au temple d'Orestes: le cõbat c'est assauoir de ces deux vaillans cheualliers, & les coups qu'ils ont receuz l'vn pour l'autre. Neantmoins ie n'eusse iamais cuidé que l'Amitié fust anciennement en telle recommandation & respect enuers les Scythes; de tant plus que c'estoient gens barbares & sauuages, attachez ordinairement à des piques ensemble; à des noises, contentions, & debats, rages & forceneries: Et quant à l'Amitié qu'ils ne l'auoient oncq practiquee, à l'endroit mesme de leurs plus cogneus & estroits familliers: Conceuant ceste opinion de maintes autres choses que nous auons entendu d'eux; mais principallement pour ce qu'ils deuorent les corps de leurs deffuncts Pere-meres. Tox. Si en autres choses, & mesmes en la reuerence & honneur que nous deuons à ceux qui nous ont engendrez, nous sommes plus ou moins religieux & deuots que les Grecs, ie ne le veux pas contester à ceste heure: Mais que nos gens soient sans comparaison plus loyaux Amis que vous n'estes, & le respect de l'Amitié plus grãd enuers nous qu'à ceux de vostre nation, il ne me sera pas fort mal aisé à prouuer. Et par les dieux des Grecs ie vous prie qu'il ne vous soit point ennuyeux d'escoutter, si ayant longuement conuersé parmy vous autres, ie viens à dire ce que i'y ay cogneu & appris. Car vous me semblez bien pouuoir mieux discourir de l'Amitié que nuls autres; mais quant à son efficace, & aux effects qui s'en ensuiuent, vous les sçauez si peu mettre en practique correspondante au langage que vous en tenez, qu'il vous suffist de la louer, & mon-

ſtrer de bouche quel grand bien c'eſt. Surquoy (comme il aduient le plus ſouuent) les propos vous venans à manquer, vous eſcampez ie ne ſçay comment du beau milieu de l'affaire, & le plantez là imparfaict. Au ſurplus, quand ceux qui iouent les Tragedies comparoiſſans ſur l'eſchaffault vous repreſentent telles manieres d'Amitiez; la pluſpart de vous autres louez ce qu'ils dient, & leur applaudiſſez; vous prenans quand & quand à pleurer pour ces loyaux Amis qui ſ'expoſent aux plus grands & mortels dangiers l'vn pour l'autre: Mais cependant vous n'oſez entreprendre pour vos Amis choſe qui merite louenge. Que ſi d'auenture il aduient qu'vn voſtre Amy ſe trouue en quelque neceſſité & beſoing; à cela tout incontinent, ny plus ny moins que ſi c'eſtoient ſonges, toutes ces belles Tragedies ſ'eſuanouiſſent de voſtre eſprit, vous laiſſans ſemblables à des hommes de paille, de cartons, ou de cliſſe; qui ont beau faire la grand gorge, & entre bailler à outrance auant que pouuoir proferer vn ſeul mot. Mais nous au rebours, d'autãt que nous vous ſommes inferieurs en multiplication de parolles, d'autant vous ſurpaſſons nous auſſi à effectuer l'Amitié. Au moyen dequoy ſ'il vous ſemble bon, faiſons cecy pour ceſte heure. Laiſſons là en paix, & repos ces anciens Amis; Si moy, ou vous en pouuons racompter quelques vns de ceux qui furent au temps paſſé: Car en ceſte

ſte partie vous ſans doute auriez l'aduantage, amenans là deſſus plusieurs grands teſmoings, à ſçauoir les Poëtes, qui par de tresbeaux vers & poëmes ont tiſſu l'Amitié d'Achille & Patrocle; de Theſee & Pyrithous; enſemble les familieres accointances de pluſieurs autres: Et amenons pluſtoſt en ieu aucuns de ceux qui ont eſté de noſtre temps; recitans les belles choſes qu'ils ont faittes; Moy des Scythes, & vous des Grecs. Et qui de nous ſurmontera ſon compagnon en cela, & amenera de meilleurs comptes & exemples d'Amis, celluy là aye la victoire, qui ſoit publiee par tout, comme d'vn qui aura eu le deſſus d'vn tresbeau & honneſte combat. Car ie ne ſerois guere plus faſché qu'ayant eſté vaincu en camp clos on me vinſt à coupper le poing (telle eſt la peine enuers les Scythes, qu'endure quiconque ſe rend en Duel) que d'eſtre veu ceder en cas d'Amitié à aucun; & meſmement à vn Grec, moy eſtant Scythe. MNE. Combien que ce ne ſoit pas legiere entrepriſe d'entrer ainſi en cõbat ſingulier contre vn ſi valeureux & eſprouué champion; qui eſt pourueu meſme de tant de traicts de narrations penetrantes, ſi ne vous quitteray ie pas la place ſi toſt pour cela; abandonnant ainſi laſchement toute la Grece vniuerſelle. Car ce ſeroit choſe trop impertinente, que deux Grecs ayãs deffait autant de Scythes que le portent vos anciẽs comptes & peintures, que n'agueres vous representiez si naifuement, tous les Grecs, auecques tant de nations & citez fussent icy surmontez de vous, sans que personne les deffende. Que s'il en aduenoit ainsi, on me deuroit non seulement coupper le poing droict, comme l'on a accoustumé à vous autres; ains la langue encore. Mais auquel des deux nous faudra il nous arrester, ou à la quantité des choses que quelqu'vn peut auoir entreprises & executees par Amitié; ou plustost que celluy semble mieux digne de la victoire qui pourra rememorer plus grand nombre d'Amis? TOX. Non: au contraire il ne faut point mesurer cela ny à l'aune ny au boisseau. Mais si les faits que vous racompterez se trouuent plus excellens que ceux que i'ameneray aussi de ma part, & plus penetratifs; nonobstant qu'ils se trouuent esgaux en nombre, si est ce qu'ils se trouueront plus propres à me combattre, & naurer de playes plus mortelles & dangereuses; & presque moymesme m'accommoderay aux coups. MNE. Vous ne dittes que bien, arrestons doncques combien d'exemples suffiront. TOX. Quand à moy il me semble que ce sera assez si chacun de nous en ameine cinq. MNE. I'en suis content: Parainsi commancez le premier, apres toutesfois auoir fait serment que vous ne direz rien qui ne soit veritable; car autrement il n'y auroit pas grand affaire d'en forger de tous nouueaux,

qu'on

qu'onne pourroit ne cõtredire ny arguer de fauseté:Là où si vous iurez solemnellemẽt ce seroit chose illicite & desraisonnable de n'y adiouster point de foy. TOX. Et nous iurerons;puis que vous pensez qu'il en soit besoing. MNE. Mais duquel de nos dieux vous voulez vous contenter pour mon regard: ne vous suffira il pas de Iuppiter Philien? TOX. Si fera certes:Et de moy ie vous iureray aussi le nostre en ma langue. MNE. Sois moy donc tesmoing ô Iuppiter Philien, que ie ne racompteray icy en ta presence sinon ce que i'ay veu de mes propres yeux; ou que i'ay oy & appris des autres le plus exactement qu'il m'a esté possible;ne controuuant,ny aduançant rien du mien que ce soit. Et en premier lieu ie racõpteray qu'elle fut l'Amitié d'Agathocles enuers Dinias, qui est encore fort celebree parmy les Ioniens:Car il n'y a gueres que cest Agathocles mourut,lequel estãt natif de l'Isle de Samos,fut homme rare& excellẽt sur tous autres en vraye & parfaitte Amitié, comme il le monstra par effect; combien que de maison ny de facultez ce ne fust pas autrement si grand chose. Or estant encore ieune garçon, il auoit eu accointance & familiarité grande auecq Dinias fils de Lysion, riche& opulent outre mesure:Et comme est l'ordinaire de ceux qui de nouueau sont paruenus à de grandsbiens,il en auoit encore autour de soy tout plein d'autres, propres de vray pour luy tenir compagnie à rire, iouer, & gaudir ; & l'assister à ses plaisirs, voluptez, & delices; mais bien esloignez des reigles d'vne vraye & sincere Amitié. Agathocles cependant conuersoit auec eux, beuuant, mangeant, & faisant bonne chere aux despens de Dinias : Neantmoins ceste forme de viure ne luy pouuoit plaire, & ne l'aprouuoit aucunement. Dequoy Dinias se fascha, parce qu'il ne cessoit de le reprendre de ceste folle despence; & l'admonnester de l'espargne & bon mesnage de ses predecesseurs: luy remonstrant qu'il ne deuoit ainsi dissiper les biens que son pere luy auoit aquis auec tant de peine & soulcy: En sorte qu'il ne l'appelloit plus à ses festins & banquets comme il souloit ; ains se cachoit du tout de luy. A la parfin les escornifleurs mirent en teste à ce ieune homme, que Chariclee la femme de Demonax, le premier homme de la ville d'Ephese, estoit desesperement amoureuse de luy. Et desia trottoient en pays force petits mots de lettres de la part de ceste bonne dame, accompaignez de quelques bouquets fennez à demy, & de pommes morsillees par endroicts : Auec telles autres mignardises & apasts, que les courretieres d'amourettes ont de coustume presenter aux ieunes gens, pour les prendre à la pipee & au piege par semblables affetteries, & leur introduire & enraciner vne affection peu à peu iusques

ques au fonds de l'ame: N'oublians iamais de commencer à mettre le feu aux estouppes, par vne opinion fantastique qu'elles leur impriment d'estre les mieux aimez: Car c'est la chose qui gaigne & attire autant le cueur des personnes, mesmement de ceux qui se persuadent d'estre beaux; si bien que sans y penser voylesla pris au trebuchet. Or ceste Chariclee estoit bien assez belle & de bonne grace; mais impudique & desbordee à toute outrance; & tousiours au commandement du premier qui luy presentoit son seruice. Car la poursuite n'en estoit longue ne malaisee; & se laissoit facilement aller à la moindre œillade qu'on luy iettast, sans qu'on deust craindre d'en estre esconduict: Fine au reste à vingtquatre carats; subline, rusee, & passee en galle sur toutes les autres bonnes pieces de son siecle; à bien sçauoir amadouer & entretenir ses challans; & domter celuy qui eust voulu faire tant soit peu du retif: l'enflammer & piquer de plus en plus, quand elle l'auoit mis à la raison: Tantost par quelques legiers courroux, & petittes riottes; tantost par flatteries & caresses; puis tout soudain se despitant, & faisant semblant d'en aimer vn autre. Somme que de quelque endroit qu'on l'eust voulu prendre, c'estoit vne vieille duppe, equippee & instruite de toutes sortes d'artifices & attraicts, pour bien faire venir l'eau au moulin. Les flatteurs donques de

Dinias la luy ayant choisie à poste, poussoient de leur costé à la rouë, &inuentoient tout plein de choses pour tousiours l'engluer d'auantage. D'autre part elle qui en auoit plumé infinis autres; contrefait & falsifié tant d'amourettes; ruiné de fonds en comble de si bonnes maisons: Vraye peste certainement, & ineuitable pour la simple & peu caulte ieunesse; soudain qu'elle eut rencontré ce pigeon, ne le laissa pas eschapper legierement de ses griphes; ains l'assaillant & combattant de toutes parts, apres ce qu'elle fut venue à bout de ce qu'elle pretendoit; cependant quelle s'efforce d'attraper au taquet les autres, elle mesme y demeura pour les gages; & fut cause d'infinis maux à ce pauure infortuné Dinias. Car de plaine abordee elle se mect à luy escrire, & enuoyer en ambassade à toutes heures vne sienne femme de chambre faicte au badinage; pour luy remõstrer comme la pauurette se consumoit en pleurs; passoit les nuicts sans clorre l'œil; & estoit preste à se donner la mort; le tout pour son occasion, qui ne voulloit auoir pitié d'elle, si outree d'amour qu'elle n'en pouuoit plus desormais. Tant que finablement ce bien heureux, croyant fermement d'estre si beau & aimable pardessus les autres, que desia toutes les Dames d'Ephese couroient les rues apres luy; se laissa aller, & luy accorda son desir; s'estant premier fait rechercher longuement.

Des-

Deslors pouuoit on bien apperceuoir qu'il ne faudroit de plaine arriuee estre troussé de ceste femme ; laquelle outre sa beauté estoit vne maistresse artisane & ouuriere de donner plaisir à ceux qui la practiquoient : de sçauoir pleurer en temps & en lieu; souspirer tendrement à tous propos; se pendre au col de ceux qui prenoient congé d'elle; aller audeuāt quand ils reuenoient: Priser, louer, & admirer leur bonne grace & beauté, comme si elle en eust esté desmesurement rauie & esprise : chanter parfois, & iouer d'vne Cistre: De tous lesquels artifices elle vsa alendroit de Dinias . Mais soudain qu'elle le vit picqué iusqu'au vif, & du tout pris en sez las, voire dompté à son plaisir; elle se se va aduiser d'vne autre ruze pour l'acheuer de peindre. C'est qu'elle feint estre grosse de son faict: Ce qui estoit d'vne bien grande efficace pour tousiours enflammer d'auantage vn simple nouice d'Amours: Et n'alloit ny n'enuoyoit plus deuers luy; allegant que son mary la tenoit de court, qui commançoit à se douter de l'affaire: Le pauure ieune homme qui y alloit à la bonne foy, ne pouuant plus comporter ce banissement cy, & d'estre ainsi forclos de sa presence; tout confit en l'armes, n'auoit autre recours qu'à la consolation de ses flatteurs ; ayant sans cesse ce mot de Chariclee en la bouche, dont il baisoit mille & mille fois en vne heure, la figure qu'il portoit au col, taillee en vn camaieu d'Agathe; puis tout ſoudain ſe iettoit par terre; tant que proprement à le veoir il ſembloit aliené de ſon ſens. Auſurplus les preſens qu'il faiſoit à ceſte ſienne maiſtreſſe, ne ſe meſuroient pas à la valleur d'vne pomme, ne d'vn bouquet: Car c'eſtoient des maiſons toutes meublees, lieux de plaiſance, rentes foncieres & heritages; eſclaues & ſeruantes; robbes, bagues & ioyaux de grand pris; Or & argent tout ce qu'elle en deſiroit. Que voullez vous plus? En peu de iours la maiſon de Lyſion n'agueres la premiere & plus floriſſante de tout le pays d'Ionie, fut entierement eſpuiſee & miſe à ſec par ce goulphre inſatiable. Or apres l'auoir acheué de ſuccer, elle le plante là pour reuerdir; Et ſ'en va à la chaſſe & pourſuitte d'vn ieune Candiot fort pecunieux; à qui elle ſe donne du tout en proye. Penſez quelle en eſtoit deſia toute amoureuſe, pour le moins elle luy faiſoit à croire: En ſorte que le pauure Dinias delaiſſé non ſeulement de ſa plus que chere ame Cariclee, mais encore de la compaignie ordinaire de ſes aſſentateurs & fripons (car ils auoient auſſi torné leur robbe pour ſ'accoſter de ce fraiz & nouueau fauorit) ſe retire deuers Agathocles, qui deſia n'eſtoit que trop aduerty du mauuais train de ſes affaires: Et tout honteux pour le commancement, luy fait neantmoins à la parfin entendre le tout. Son Amour extreme; ſa pauureté; l'arrogance & deſ-

desdain de ceste femme; le competiteur venu à la trauerse: Somme qu'il ne luy estoit possible de plus viure, s'il falloit qu'il fust priué longuement de la douce accointance & conuersation de sa Chariclee. Cestuicy voyant bien que ce n'estoit pas la saison de reprocher à Dinias le tort qu'il luy auoit fait, de l'estranger ainsi de sa compagnie pour y appeller des canailles adulateurs, & les preferer à vn vray amy; s'en va vendre sa maison paternelle, que pour tous les biens de ce monde il auoit en l'isle de Samos; dont il retira quelque dixhuict cens escuts, qu'il luy porte. Il ne les eut pas plustost receuz, que Chariclee en fut aduertie. Parquoy voile la tout soudain retourné en grace; & redeuenu plus beau que deuant: Lettres derechef par pays, & femmes de chambre en message: Plaintes & doleances d'auoir tant mis sans la reueoir: Les Happeloppins d'autre-part retornent à le courtiser mieux que iamais, quand ils virent qu'il y auoit dequoy frire. Et comme il y eust assignation donnee, & n'eust fally de s'y trouuer sur le premier somme; Demonax le mary de Cariclee estant au logis; soit qu'il en eust eu le vent; ou que de propos deliberé ceste desloyalle l'en eust aduerty (Car on dit l'vn & l'autre) il sort à l'impourueu tout ainsi que d'vne embuscade, & fait soudain fermer les portes, & saisir Dinias au collet; ne luy promettant pas moinsque coups d'estriuieres; de le flamber, & autres tormens; comme à vn adultere; Et la dessus encore met la main à l'espee pour le frapper. Dinias se voyant tout à coup enuironné de tant de maux; empoigne vn gros baston de costret qui estoit à ses pieds, dont il donne vn si grand coup sur la tample à Demonax, qu'il l'enuoye à la renuerse tout roide mort estendu sur la place. Le mesme il fait aussi de Chariclee; mais nompas de prime venue, ains apres l'auoir longuement chamaillee à tout ce baston, il luy passe finablement l'espee de son mary à trauers le corps. Les Seruiteurs demeuroiẽt coiz cependãt, tant ils estoient estonnez de la nouueauté du fait: Et finablemẽt s'estans mis en deuoir de le saisir & arrester, il se lansse à eux l'espee traitte; de sorte qu'il les met en fuitte: Et se retire tout bellement au logis d'Agatocles, ayant fait ce beau chef d'œuure; à penser tout le long de la nuict ce qui luy estoit aduenu; & ce que desormais s'en pourroit ensuiure. Mais il ne fut plustost iour, qu'vne trouppe de gens armez se presenta à la porte, parce que la chose auoit esté desia diuulguee; Et s'estans saisiz de Dinias qui ne nioit point autremẽt le fait, l'emmenerẽt pieds & poings liez au gouuerneur de l'Asie; lequel le renuoya au grand Roy de Perse: dont bien tost apres il fut confiné en l'isle de Gyaran, l'vne des Cyclades en la mer Egee, pour y vser le reste de ses iours. Mais Agathocles qui ne l'a-

uoit

uoit iamais abandonné en toutes ſes autres calamitez, fit voile auec luy; ſans qu'il y euſt vn ſeul de ſes autres anciẽs Amis qui luy tinſt compagnie, fors ceſtuicy; qui onques ne luy manqua de deuoir en pas vn ſeul de ſes malheurs. Car apres meſme que Dinias fut arriué au lieu de ſon exil, il ne fut pas delaiſſé pourtant de ſon fidelle compagnon; lequel ſe baniſſant ſoymeſme de ſon bõ gré, ne voulut point bouger de la: ains courut vne meſme fortune auec luy. Puis quand ils furent reduis à vne indigence & neceſſité de toutes choſes, ſe louant à ceux qui teignoient l'eſcarlate, il ſ'en alloit peſcher les huiſtres auec les autres, en treſgrand danger & meſaiſe de ſa perſonne: Et rapportant tout ce qu'il auoit gaigné en ſubſtantoit Dinias; qu'il ſeruit encore fort longuemẽt en ſa maladie. Apres encore qu'il fut mort, ne voulut oncq retorner en ſon païs, mais arreſta de finer la ſes iours; eſtimãt que ce luy ſeroit vn par trop grand blaſme & reproche d'abandonner ſon Amy, voire meſme apres ſon treſpas. Voila l'exemple d'vne Amitié Grecque, que ie vous ay bien voulu racompter comme eſtant aduenu puis n'agueres: Car ie ne penſe pas qu'il y ait encore cinq ans reuolus, qu'Agatocles decedda en laditte iſle de Gyara. TOXAR. Certes Mneſippus ie voudrois que vous m'euſſiez allegué cecy auant que d'auoir preſté le ferment, affin qu'il me fust loisible d'en croire ce que ie voudrois; Si bien vous m'auez sceu representer en cest Agathocles cy vn de noz vrais Amis de Scythie. Parquoy ie crain que vous n'en puissiez plus produire de tel. MNE. OYEZ EN DONQVES vn autre d'Euthydicus chalcidien; Car celuy qui me l'a racompté est Simylus de la ville de Megare, lequel m'a iuré auoir esté present à tout. Il disoit donques, qu'vne fois qu'il nauigoit d'Italie à Athenes enuiron la my Octobre, ayant chargé sur sa barque quelques passagers ramassez; s'y trouuerent parmy les autres, cest Euthidicus auec vn appelé Damon Chalcidien pareillement, son grand Amy; qui pouuoient estre tous deux d'vn mesme aage: Mais Euthydicus fort & robuste; & Damon au contraire delicat, pasle, & défait, comme ne faisant que sortir d'vne maladie, à ce que l'on pouuoit iuger au visage. Or auoient ils eu le vent à souhait iusqu'en Sicile: Mais apres qu'ils eurẽt passé le Far de Messine, & se furent engoulfez en la mer Ionie, ils auroient esté assailliz d'vn tres-mauuais & rudde temps. Et qu'est-il de besoin de racompter icy par le menu tous les maux qui se presenterent; Tourbillons qui les faisoit pirouetter; pluyes, gresles; & s'il reste quelque chose encore des plus fortes tormentes & orages? Au surplus cõme ils ne fussent plus gueres loin de Zacynthe, & nauigassent à antemne nue cõme lon dit, charrians quelques gumenes& cordages pour refraindre l'effort & impetuosité des ondes; Enuiron la mynuit Damon à cause du bransłement tiroit du cœur, se pancha pour rendre sa gorge sur le bord du vaisseau, qui alloit fort à la bande de ce costé la: Surquoy vne grosse vague qui vint donner à la trauerse, l'enuoye la teste premiere en la mer. Que si à tout le moins ce pauure infortuné eust esté despouillé, il se fust mis en deuoir de nager tellement quellement: mais ne pouuant faire autre chose, il se prit à crier tant qu'il peut; Ha trescher Euthidicus ie me noye: Et desia estoit prest d'aller à fons, car à toute peine pouuoit il tirer la teste hors de l'eau, quād Euthidicus qui, de fortune estoit couché nud en son Strapōtin, ayant oy ceste voix; sans y penser d'auantage se iette apres à corps perdu, & l'empoigne qu'il n'en pouuoit presque plus: se met à le souzleuer, & à nager aupres de luy: toutes lesquelles choses se pouuoiēt facileement discerner à la clarté de la Lune. Les mariniers qui auoient cōpassion de l'inconuenient de ces deux poures ieunes gens, les eussent volontiers secouruz: Ce qu'ils ne peurent, pource que le vent estoit fort legier, & la nauire couroit viste: Toutesfois ils leur ietterent des pieces de liege, & des longues perches, afin que s'y empoignans ils se soullageassent, s'ils venoient en saisir quelqu'vne: Et finablement de grosses planches, ou ils se pouuoient mettre à cheuauchōs. Pensez maintenant ie vous prie, quelle autre plusgrande demōstration de bienuueillance sçauroit on faire alendroit d'vn sien cōpagnon & amy: qui en plaine nuict se seroit laissé cheoir en vne mer si effroyable & troublee, que de vouloir ainsi participer à sa mort? Remettez vous deuant les yeux vne tempeste si horrible, le bruit & entrehurtement des ondes s'entassans les vnes sur les autres, lescume bouillonnant de toutes parts alentour, l'obscurité & hideur de la nuict, & le desespoir. Celluy la quand & quand sur le point d'expirer, & à toute peine comparoissant hors de leau; qui tend les bras à son Amy: Cestuicy d'autre part qui se lance apres sans y songer; Et nageāt coste à coste n'a soucy d'autre chose, fors que Damon ne meure auant luy. Car par la vous cognoistrez bien que ie ne vous ay point produit icy vn Amy vulgaire, & de peu de cœur. Tox. Perirent ils ces deux gens de bien Mnesippus, ou s'ils se sauuerent inespereement par quelque estrange maniere? Tant i'en ay eu de pœur iusques icy. Mne. N'en soyez plus en peine, Toxaris, car ils reschapperent, & sont encore pour le iourdhuy pleins de vie à Athenes, tous deux estudians en Philosophie. Et de fait Symilus nous put bien tesmoigner ce que la nuict il en auoit veu: Sçauoir est, cestuicy r'enuersé de mal'heur dans la mer, & l'autre se iettant de gaietté de cœur apres luy,

au-

autant que l'obſcurité le permettoit de diſcerner. Mais comme les choſes paſſerẽt depuis, Euthydius le racompte luy meſme. Que pour le commancement ayans de bonne fortune rencontré certains lieges, ils ſ'y prirent auecques les mains, & les tenans fort & ferme, auroient ainſi flotté par vne aſſez bonne piece, auec grand difficulté neantmoins: Puis quand ils eurent apperceu les aiz, nagerent droict là, qu'il commãçoit à faire iour, & montans deſſus fort à propos aborderent finablement à Zacynthe. MAIS APRES CEVX CY, qui ne ſont pas des moins à eſtimer ainſi que ie croy, voicy le troiſieme, non en rien inferieur aux deux precedens, d'Eudamidas Corinthien, Aretee Corinthien auſſi, & Charixene de la ville de Sicyon, tous deux fort riches & opulents; l'autre treſ-pauure. Ceſtuy cy à l'article de la mort fait ſon teſtament, qui ſembleroit parauenture bien ridicule à quelques vns; mais nompas à vous qui eſtes homme de vertu, & auez en telle recommandation l'Amitié, que meſme vous en pouuez conteſter & debattre auec les plus renommez. Il y auoit doncques eſcript là dedans. Au regard d'Aretee, ie luy laiſſe ma mere à nourrir, & la ſubſtanter en vieilleſſe: Et à Charixene, ma fille à pouruoir, auec le plus gros mariage qu'il luy pourra donner: Car il auoit vne mere fort vieille, & vne fille deſia toute preſte à marier. Ceſte forme de teſtament ayant esté leüe, les gens qui auoient cognoissance de la pauuretté & peu de moyens d'Eudamidas, & ignoroient l'Amitié de ces trois personnes, se mocquoient de l'affaire, & n'y eut ame en l'assistance qui ne s'en allast esclattant de rire : Qu'Aretee & Charixene eussent à heriter d'vne telle succession ; bien-heureux assauoir qu'elle leur fust ainsi escheuë : Et en parloient de ceste sorte. Certes s'ils veulēt satisfaire à ce testament, & rendre la pareille à Eudamidas ; cependant qu'ils sont encore en vie ils quicteront de bon cueur ceste succession au deffunct, & la luy remettront entre les mains. Mais soudain qu'ils oyrent ce lay, ils y accoururent ; acceptans & ratifians ce qui estoit dans le testament. Toutesfois Charixene ne suruescut que cinq iours apres : Au moyen dequoy Aretee ayant recueilly toute l'heredité luy seul, & pris la charge de son consort auecques la sienne, se mit à nourrir la mere d'Eudamidas ; puis maria la fille il n'y a gueres ; luy donnant douze cents escus, autant qu'à sa fille propre, de trois mille qu'il auoit vaillant : Et en voulut faire les nopces en vn mesme iour. Que vous semble-il maintenant Toxaris de cest Aretee ; monstra il en cela vn leger tesmoignage de son Amitié, d'auoir voullu accepter vne telle succession, & ne laisser le testament de son Amy sans effect ? Ne le mettrons nous pas doncques au reng des parfaits, & capa-

bles

bles d'estre du nombre des cinq? Tox. Cestuy-cy fut de vray excellent aussi; combien que i'admire Eudamidas assez plus, pour raison de la confiance qu'il eut à ses Amis: Car il monstra bien par là, qu'il n'eust failly de faire le mesme en leur endroict, encore qu'il n'y en eust eu rien escript dans le testament; ains se fust presenté pardeuant tous autres à estre heritier de semblables laiz, sans y auoir esté nommé. Mne. Vous dittes vray. Mais ie vous veux maintenant racompter le quatrieme de Zenothenus fils de Charmolee; natif de Marseille. On me le monstra quelquesfois en Italie, ou il estoit Ambassadeur de sa ville: Homme d'vne fort belle apparence, haut & droict; & riche à ce qu'on pouuoit veoir. Quand il alloit par pays, sa femme estoit tousiours aupres de luy dás le coche, decrepiteusemẽt laide, & percluse de la moitié de ses mẽbres, assauoir de tout le costé droit: borgne auec ce; & finablement vn vray monstre hideux & espouuentable. Et comme ie m'esmerueillasse qu'vn si bel hõme, si delicat & aimable peust en aucune sorte comporter l'accointance & cõuersation d'vne si diforme & maussade creature: Celuy qui me le monstroit me compta de fil en esguille, comment & pourquoy ce mariage s'estoit ainsi rencontré; car il sçauoit tout sur le doigt, pource qu'il estoit aussi de Marseille. Zenothemis (me va il dire) estoit fort grand Amy de Menecrates pere de ceste chieure coiffee; hõme riche & d'aussi grande reputation que Zenothemis pouuoit estre. Mais quelque temps apres luy ayans esté confisquez tous ses biens; perdu son honneur quant & quant; & par les six cens de la iustice esté declaré inhabile de iamais tenir office publique, pour auoir donné vn faux iugement (c'est la maniere dont nous autres Marsiliois chastions ceux qui se laissent corrompre en iustice) Menecrates s'en affligea fort: En premier lieu pour auoir esté condamné, Puis que de riche il fust ainsi soudain deuenu poure: Et finablement que de noble, & en tel credit qu'il estoit, il eust esté declaré infame & reprochable à tousiours. Sa fille puis apres l'attristoit merueilleusement, desia en aage d'estre mariee comme ayant passé dixhuict ans; & laquelle auec toutes les facultez mesmes que son pere souloit posseder auant sa condemnation, à grand peine le moindre artisan de franche condition eust voulu prendre à femme; tant elle estoit laide & abominable: & si on disoit outre plus, que pour l'acheuer depeindre elle tomboit ordinairement du haut mal sur le renouuellement de la Lune. De toutes lesquelles choses quand il se complaignoit à Zenothemis; ne vous chaille Menecrates (luy dit il) car vous n'aurez faute de rien, & si vostre fille trouuera party digne du lieu dont elle est issuë. Ce disant il luy tend la

main,

main, & le meine à sa maison, où il luy fit part de toutes les richesses qui y estoient en grande abondance. Puis ayant fait preparer le festin tresmagnifique & somptueux, il y inuite ses Amis; & entre autres Menecrates, comme s'il eust mis en teste à quelqu'vn de ses parens ou alliez d'espouser sa fille. Apres donques que les tables furent leuees, & qu'on eut fait les effusions de vin aux Dieux, luy en presentant vne couppe pleine; Receuez de vostre gendre ô Menecrates (va il dire) les arres & tesmoignage de l'alliance qu'il entend contracter auec vous; car ce iourd'huy ie prendray vostre fille Cydimaque à femme: Quant à l'argent de son mariage, ie me tiens pour content & bien satisfaict de la somme de quinze mille escuts, que i'ay desia receuz de vous. Et comme l'autre repliquast; Dieu vous gard de faire ceste follie ô Zenothemis; ny que ie sois si insensé que ie vous peusse souffrir de veoir en mespris & contemnement, qui estes si beau ieune gentilhomme, marié auec vne si laide pauure fille, mal-saine & debile auecques cela; mais pendant qu'il parloit encore, l'autre la prenant par le bras, car elle estoit assise aupres de luy, la mene en sa chambre, & bien tost apres en sortit ayant accomply le mariage. Depuis lequel tẽps il a tousiours vescu auec elle luy portant vne singuliere affection, & la menant par tout (comme vous voyez) quant & soy. Et tant s'en faut qu'il se repente ny vergoigne de ce mariage ; qu'au contraire il s'en glorifie, & en faict ses mõstres : Parce que ne se souciant ny de la diformité de son corps, ny du peu de biẽs, & mauuaise renommee de son pere Menecrates, il a regard tant seulement à leur ancienne Amitié, sans estimer, que la sentence des Six cens hommes de la iustice l'aye peu empirer de riẽ pour le regard de son alliance. Mais la fortune, pour de telles courtoisies & honnestetez luy a fait ceste grace, d'auoir eu le plus bel enfant qu'il seroit possible de veoir, de ceste si laide & diforme creature. Et n'y a guere que le pere le prenant entre ses bras, le porta au parquet ou l'on plaide, couronné de rameaux d'oliuier, & vestu de dueil pour mouuoir l'assistence à vne plus grande commiseration enuers son ayeul maternel. Le petit garçõnet se prit tout incontinent à soubsrire aux iuges, & à leur faire feste des mains, dont la cour fut si esmeuë à pitié, qu'elle remit l'amende à Menecrates, & le reintegra en tous ses biens & bonne renommee, à l'intercession de ce sien petit aduocat. Tout cecy affermoit le Marsilien, Zenothemis auoir fait en faueur de son Amy : Qui ne sont pas choses vulgaires comme vous voyez ; ny telles que les Scythes font communement ; lesquels (à ce que l'on dit) enuoyent auec grand soing & dilligence chercher de costé & d'autre les plus belles garces qui se peuuẽt trouuer,

uer, pour leur seruir de cõcubines. RESTE maintenãt le cinquieme: Et ne me semble pas que ie doiue oblier Demetrius de Suniun pour en mettre vn autre en sa place. Cestuy cy auoit fait voile en Egypte auec vn Antiphilus Alopecien, qui dés leur plus tendre ieunesse luy auoit esté ioint d'vn tres-estroit lien d'Amitié, & vescu famillierement ensemble tous deux en leur premiere adolescence, cependant qu'on les endoctrinoit és bonnes lettres: Celuy là ayant pris le train des Cyniques, soubs vn sophiste Rhodien; & Antiphile de la Medecine. Mais Demetrius n'estoit passé à autre fin en Egypte, sinon pour veoir la merueille des Pyramides, & de Memnon; parce que l'on disoit que ces enormes masses de pierre ne rendoient point d'ombre; & que la statuë de Memnon iectoit ie ne sçay quelle voix tous les iours au leuer du soleil iustemẽt. Du desir de ces deux choses Demetrius incité, pour contempler c'est àsçauoir les Pyramides, & oyr Memnõ, nauiguoit contremont le Nil, il y auoit desia six mois, ayant laissé Antiphile en Alexandrie, trauaillé du chemin & de la challeur. Mais il luy aduint cependant vn desastre qui requeroit biẽ vn singulier & parfaict Amy. Car vn garçon qui le seruoit, Syrus de nom & de nation, s'estant accointé de certains Sacrileges, entra auec eux dedans le temple d'Anubis, dont ayans enleué l'image du Dieu, & deux couppes d'or: Plus vn caducee d'or aussi, & des Cynocephales ou magots d'argẽt; auec tels autres reliquaires qui y estoiẽt il auoit retiré le tout au logis de son maistre. Estans puis apres empoignez (car ils furẽt surpris vendans ie ne sçay quelles pieces de leur buttin) confesserent de plaine arriuee le cas sur la question; & ayans esté menez au logis d'Antiphile, tirerent de dessous vn lict en certain lieu obscur à l'escart, les choses par eux desrobees. Au moien dequoy Syrus est mis en prison sur le champ; Antiphile pareillement, qui fut pris au corps estant à la leçon, & emmené sans que personne le voulust secourir ny aider de rien: Car mesmes ceux qui iusques alors luy auoient fait le meilleur visage, le detestoient cõme vn volleur detestable, qui auroit pillé le Saint temple du Dieu Anubis: Et se fussent à leur iugement contaminez & polluz par trop, s'ils eussent beu ou mangé auec luy. Deux autres garçons au reste qui estoient demeurez au logis, troussans bagage fendirent le vent; & emporterent tout ce qui y estoit. Ainsi le pauure Antiphile demeura fort long temps en vn cul de fosse, reputé cependant pour le plus malheureux & meschãt de tous ceux qui y estoient detenus. D'auantage le geollier, Egyptien de nation, & homme fort superstitieux, estimant faire chose aggreable au Dieu, & de venger l'iniure à luy faitte, le traictoit le plus rigoureusement qu'il estoit possible, que si

par

par fois il cuiddoit alleguer ſon innocēce, affermant n'auoir rien commis de ce qu'on le chargeoit, il eſtoit reputé de l'autre pour vn impudent effronté, & ſe rēdoit par là plus odieux que deuant. De façon qu'il eſtoit deſia tout malade & non ſans cauſe, cōme celuy qui couchoit à terre toute la nuict: Et n'auoit le moyen d'eſtendre ſes iābes, pour les auoir contraintes & r'encloſes dans vne maniere de Ceps: Car ſur iour il eſtoit au carquan, l'vne des mains engagee en vne manote de fer: La nuict ils eſtoient pieds & poings liez en vn cachot fort eſtroit. La puanteur puis apres de ceſte priſon eſtouffee, ou pluſieurs autres eſtoient captifs quaſi entaſſez les vns ſur les autres, qui preſſoient le lieu, ſans cela ſi anguſte de ſoy qu'à grand peine y pouuoiēt ils reſpirer: Plus le tintamarre de leurs ferremens & quinquailleries qui ne leur laiſſoient prendre aucun repos ſinon cōme en tranſſe: Toutes ces choſes luy eſtoient fort ennuieuſes & inſuportables; comme à vn homme non accouſtumé à de tels meſaiſes, & mal endurcy à vne ſi dure maniere de viure. Tellement que n'en pouuant preſque plus deſormais, ne meſme prendre refection aucune; Voicy finablement Demetrius qui arriue, ne ſachant rien de tout ce qui eſtoit aduenu: lequel eſtant aduerty de l'eſtat enquoy eſtoit Antiphile, s'en court ſoudain à la priſon tāt qu'il peut, ou il ne luy fut poſſible d'entrer pour l'heure; à cauſe que deſia il eſtoit trop tard, & que le geolier ayãt baclé tous les huis s'estoit mis à dormir il y auoit bõne piece, ayant laissé la charge à ses gens de veiller pour luy. Mais le matin ensuiuant que l'entree luy fut permise, à force neantmoins de prieres, il demeura longuemẽt à chercher Antiphile, comme celuy qui pour les maux qu'il auoit soufferts estoit si changé, qu'à grand peine le pouuoit on plus recognoistre. Au moyẽ dequoy tornoyant de costé & d'autre contemploit chaque prisonnier au visage, à guise de ceux qui apres quelque grosse bataille, s'en vont cherchans les corps de leurs parens & Amis desia corrumpuz & gastez. Que s'il ne se fust nommé d'auenture Antiphille fils de Denomenes, à grand' peine l'eust on peu de lõg temps remarquer pour tel; tant il estoit transfiguré de ses maux. Mais comme il eust respondu à la voix congneuë; Et à l'approcher de Demetrius escarté de dessus sa face, la crasseuse & mal testonnee perruque qui la luy couuroit, il se manifesta à la fin. Alors ils tomberent l'vn & l'autre par terre, vn esbloissement leur ayant offusqué la veuë par vne si inopinee rencontre: Mais apres qu'ils furent reuenuz à eux; & que Demetrius regardant d'vn œil piteux Antiphile, l'eust enquis songneusement sur chasque point de sa defortune, il luy dit qu'il prit courage: & là dessus coupant son manteau en deux parts, s'enueloppe de la moitié: le reste il le donne à son amy my, l'ayant desuestu des pourriz & vsez haillons dont il estoit à demy couuert : & de ce iour là en auant luy assiste en toutes les sortes qui luy sont possibles; prenant soing de luy, & le sollicitant de ce qu'il auoit besoin. Car il se louoit aux marchans qui hantoient le port, depuis le matin iusques à myiour, à porter çà & là leurs fardeaux & denrees, dont il ne faisoit pas peu de gain: Puis retournant de son labeur, en donnoit partie au Geollier pour l'auoir plus gracieux & facile, & du residu subuenoit aux necessitez de son amy : De maniere que rien quelconque ne luy mãquoit. Sur iour il ne bougeoit d'auec Antiphile pour le consoler; Puis quand la nuict estoit venue, il se couchoit à la porte de la geolle, sur vn petit lict fait d'herbes & de rameaux estenduz par terre en litiere, ou il prenoit son repos. Et en ceste sorte vescurent par quelque temps, que Demetrius entroit à toutes heures qu'il vouloit, dont Antiphile supportoit plus patiemment sa calamité & misere: iusques à ce qu'vn volleur estant venu à deceder là dedans, ce qu'on souzpçõnoit estre de poison, on y tint la bride plus roidde, Car on n'y laissoit plus entrer personne, sinon ceux qu'on y amenoit pieds & poings liez pour quelque forfait. Pour raison dequoy, Demetrius en tresgrand soucy & ennuy pour n'auoir plus aucun moyẽ ny addresse d'assister & secourir son amy, s'en va trouuer le lieutenant du gouuerneur, & s'accuse luy mesme enuers luy, comme s'il eust esté participant à saccager le temple d'Anubis : Ce que tout soudain qu'il eut confessé, il fut pris & emmené de ce pas en prison, & logé auec Antiphile: Car auec grandes prieres, & à toute peine auoit il impetré du geollier d'estre lié le plus pres d'iceluy, & au mesme posteau. Cestuicy donques fit assez cognoistre combien grande fut son Amitié, en se souciant si peu de sa propre incōmodité & mesaise, encor' que cepēdant il fust tout malade: n'ayant autre chose en l'affection, fors comme c'est qu'il pourroit faire que son Amy dormist mieux, & fust le moins molesté qu'il seroit possible. Et ainsi se communiquans leurs maux & afflictions l'vn à l'autre, les supportoient plus patiemment : Iusqu'à ce que quelque temps a pres ie ne sçay quoy de tel suruint, qui y mit presque la derniere main. Car l'vn des prisonniers ayans trouué le moyen de recouurer de ie ne sçay ou vne lime, auec tout plein d'autres associez à ce complot, en coupa la chesne qui les tenoit attachez de reng à des entraues y passees, & coullantes le long, & les deslia : lesquels ayans mis à mort les gardes de la prison, qui estoient peu, sortirent en vne troupp, & de la s'escarterent incontinent çà & là ou chacun se pensoit sauuer. Mais la plus part furent repris; Car Demetrius & Antiphile qui ne voulurent euader,

estans

eſtans demeurez,arreſterent Syrus qui deſia ſ'a-preſtoit de gagner le haut. Puiscõme il fut iour, le gouuerneur de l'Egypte ayant ſceu à la verité cõme les choſes eſtoient paſſees, enuoya gens a-pres les fuitifs pour les ratteindre, & fit venir de-uers luy ceux qui eſtoient demeurez auec De-metrius, leſquels il fit eſlargir à pur & à plein; les louant de ce qu'ils ne ſ'eſtoient voulu bouger. Mais ils ne ſe voulurent pas contenter d'eſtre deli urez ſouz ce titre; Car Demetrius crioit haut & pretendant qu'on leur faiſoit vn grand tort, ſi clair, les ayans tenus pour malfaicteurs, on les mettoit en liberté pour la pitié qu'on en auoit, ou pour vne conſideration qu'ils ne ſ'en fuſſent voulu fuyr quand & les autres. Somme qu'ils contraignirent le juge d'examiner leur fait de plus prez. Lequel les ayant trouuez incoulpa-bles; collaudez de leur innocence; & admiré par-ticulierement le bon cœur de Demetrius, les deliura; en les conſolant de la peine qu'ils auoiẽt ſoufferte pour auoir eſté mis en priſon à tort. Il leur fit d'auantage quelques preſens du ſien propre; à Antiphile de Cent eſcus, & à Deme-trius au double. Quant à Antiphile, il eſt encore pour le iourd'huy en Egipte; mais ſon compa-gnon luy quittant auſſi ſes deux cens eſcus, ſ'en alla aux Indes deuers les Brachmanes: luy di-ſant ſeulement ces paroles. Qu'il le deuoit à ſon aduis tenir pour excuſé ſ'il ſ'abſentoit ainſi de luy à ceste heure. Au reste qu'il ne pouuoit auoir affaire d'argēt, tant qu'il perseuereroit d'estre ce qu'il estoit; assauoir de se contenter de peu: Ne luy d'Amy, puis que ses affaires se portoient si bien Tels sont Toxaris les amis Grecs. Que si du cōmancement vous ne nous eussiez arguez d'estre grands causeurs, & gens qui sevātent assez de paroles; ie vous eusse peu reciter plusieurs oraisons, excelentes certes, que fit Demetrius deuant les iuges, ne respondans rien cependant pour soy; là ou il pleuroit à chaudes l'armes, & les supplioit les mains iointes & à genoux en faueur d'Antiphile, se chargeant du crime; iusqu'à tant que Syrus à force de coups de fouet confessa la verité, & les deliura l'vn & l'autre de tout souspeçon. Voila donques ce peu d'Amis, qui parmy vn grand nombre me sont pour le present venuz en memoire de vous racompter; excellens & fermes sur les autres. Mais mettant fin à mon propos ie vous lairray desormais parler à vostre tour. Neantmoins pour nous alleguer des Scythes non en rien inferieurs à ceux cy: ains plus admirables encore, il vous y fault bien de pres prendre garde, de pœur qu'on ne vous couppe le poing droict: Et vous monstrer en cela habile homme. Car ce seroit vne chose ridicule, si par vne grande rhetorique ayant haut-loué Orestes & Pylades, quand vous viendrez à parler pour la Scithie,

thie, vous vous monſtrez foible & languiſſant Orateur. TOX. Certes vous faittes fort bien MNEſippus, de me ſolliciciter encore à bien dire, cõme ſ'il ne vous ſoucioit d'auoir la langue couppee ſi vous demeurez ſurmonté en vos narratiõs. Ie m'en vois donque commancer, nompas atiffant & ornant comme vous mon langage; car ce n'eſt pas la façon des Scythes, là ou meſmemẽt les choſes parlent mieux que ne font les mots: Parquoy n'attendez rien de moy qui ſoit tel que ce que vous auez n'agueres extollé de louënges; Cõme ſi quelqu'vn eſpouſe vne laide femme, qui n'ait rien vaillãt que ce ſoit: Ou ſ'il eſlargiſt certaine poignee d'eſcuts à la fille d'vn ſien Amy, pour aider à la marier: Ou encore ſ'il entre volontairement en priſon, eſtant bien certain qu'il en doit eſtre deliuré auſſi toſt: Car ce ſont choſes legieres; & n'y a rien en cela qui ſoit malaiſé à faire, ne qui ſente ſon hõme de cœur. Mais ie vous racompteray de grandes effuſions de ſang, guerres. & morts d'hõmes; le tout entrepris pour raiſon des AMIS: Afin que vous ſachez que ce que vous auez allegué des voſtres n'eſt que ieu, ſi on l'acompare aux exemples de la Scythie. Ce n'eſt pas toutefois en vain que vous admirez ces petites choſes, à cauſe qu'il ne ſ'en preſente gueres de poix parmy vous pour declarer voſtre Amitié; comme gens qui viuent en vne profonde paix & repos: Ny plus ny moins qu'en vn calme ou bonace l'on ne peut pas bien congnoistre si vn pilote est expert ou non; Car il est besoin d'vne forte tormente pour en faire l'espreuue. Mais les continuelles guerres ou nous sommes sans cesse, tantost en assaillant les autres, tantost en nous retirant deuant ceux qui nous courent sus: Ou quant d'auenture nous nous venons rencontrer à quelque gros combat & meslee, pour raison des pascages & du buttin: La principallement on voit les naturels & bons amis, ou nous en auōs bien affaire: Et pourtant cherchons nous d'establir des Amitiez fermes; les estimans estre seules les plus inuincibles armes, & inexpugnables que l'on puisse auoir. Mais auant tout œuure ie vous veux dire la maniere dont nous faisons les amitiez; non en beuuant d'autant comme vous faittes; ny pour se rēcontrer d'vn mesme aage & humeur; ou pour estre proche voisin. Car quand nous aurons apperceu quelque vaillant & hardy cœur d'hōme: & qui soit pour executer de beaux faits darmes; à celuy la nous nous addonnons de toute nostre pensee & estude: ne desdaignans point pour acquerir des Amis, de faire le mesme que vo⁹ à briguer vn bon mariage: Enquoy nous nous rendons par vn bien long temps comme corriuaux & cōpetiteurs, sans y obmettre rien que ce soit, pour n'estre frustrez de l'amitié pretēdue; & que nous n'en soyons veuz esconduits. Or apres que quel-

quelqu'vn, tous les autres concurrens exclus, à esté esleu & admis; soudain l'on fait vne alliance par serment solemnel, le plus grand qui se puisse faire; qu'ils viuront desormais parensemble, & mourront reciproquemẽt l'vn pour l'autre, s'il en est besoing. C'est la mode dont nous vsons. Car ayãs là dessus incisé nos doigts, & receu dedans vne couppe le sang qui en sort; apres y auoir trempé la pointe de nos espees & dagues, & beu tous deux d'iceluy, delà en auant rien ne se sçauroit presenter qui nous peust dessunir ne desioindre. Mais à ceste ligue & societé ne s'admettent iamais plus de trois; car celluy qui est Amy de plusieurs, est reputé le mesme enuers nous, que les femmes adulteres qui se prostituent à tous venans: Et n'estimons pas l'Amitié de celluy là pouuoir estre bien seure, qui sera separee en tant de parties. Ie commanceray doncques par ce que Dandamis fit n'agueres. Car ce Dandamis cy en la rencontre des Sauromates, ou son grand Amy Amizocas fut emmené prisonnier: Mais ie veux preallablement iurer nostre grand iuron. Et par le vent, & le poignard, ie ne vous mentiray de rien que ce soit, de tout ce que ie racompteray des Amis de Scythie. MNE. En bonne foy ie ne me soucie pas beaucoup de vostre serment; parquoy vous faites fort bien de ne iurer aucun des Dieux. TOX. Qu'estce que vous me dittes? Ne vous semble il doncques pas que le vent & le poignard soit des Dieux ; & soiez si ignorant de penser rien estre de plus grand aux humains que la vie & la mort? Car nous faisons serment par ces mesmes deux choses, toutes les fois que nous iurõs par le vent & par le poignard; le vẽt c'est à sçauoir & respiratiõ estant cause de vie; & le poignard de la mort. MNE. Toutesfois si ceste cause est conuenante, vous aurez certainemẽt assez d'autres dieux tels que le poignard; comme vn dard, vne lance, du poison, vn cordeau, & semblables choses: Car ce Dieu de la mort violente est de plusieurs sortes, & ouure infinis chemins pour aller à luy. TOX. Voyez vn peu combien contentieusemẽt & chiquaneusement vous procedez en cest endroict; quand au milieu de mon propos vous m'interrompez, brouillez, tracassez, & troublez tout ce que ie veux dire: Là où lors que vo[9] parliez ie ne sonnois mot. MNE. Or sus ie ne feray plus cela, Toxaris. Et de vray vous me tanssez à bon droict: Parquoy poursuiuez hardiment ce qui vous reste de dire, tout ainsi que si durant vos propos ie n'estois cy present; tant ie vous presteray de silence. TOX. C'estoit doncques le quatrieme iour que Dandamis & Amizocas auoient contracté Amitié ensemble, & beu là dessus le sang l'vn de l'autre. Les Sauromates cependant estans entrez dans nostre pays auecques bien dix mille cheuaux, & trois fois au-

autant de gẽs de pied à ce qu'on disoit. Ceux cy de vray nous ayans surpris auant que d'estre acertenez de leur arriuee, nous contraignent de nous retirer plus viste que le pas; en tuent plusieurs qui leur vouloient faire teste; & en prennent quelques vns en vie, qui ne peurent assez à temps trauerser la riuiere à l'autre bord, ou nous auions la moictié de nos forces, & partie de nos chariots: Car nous nous estions ainsi campez lors par ie ne sçay quelle opinion de nos Archiplanes, c'est à dire de nos Capitaines, sur l'vn & l'autre bord de la Tane. Au moyen dequoy tout soudain ils se mettent à chasser deuant eux leur buttin; emmener ce qu'ils auoient pris; saccager nos tentes & pauillons; & se saisir de nos chariots, dont en ayans pris vn grand nombre, auecques les ames qui estoient dedans, violoient à nostre veuë nos concubines & femmes propres; ce qui nous fut vn extreme creuecœur & regret. Mais Amizocas, comme on l'emmenoit pieds & poings liez, car il auoit aussi esté pris, se prend à appeller à haute voix son Amy par son nom; ensemble luy ramenteuoir le hanap commun, & le sang beu dedans. Ce que soudain que Dandamis eust oy, sans marchander dauantage; nous tous le voyans à l'œil, passa outre à nage aux ennemis; lesquels chargent en foulle sur luy les espees traictes, prests à le massacrer d'arriuee s'il n'eust crié Zirim. Car quiconque profere ce mot, on ne le tue point puis apres, mais est receu à mercy, comme se mettant à rançon. Etayant tout de ce pas esté mené à leur general, il redemanda son Amy, & le Sauromate de son costé sa rançon; refusant tout à plat de le rendre sans vne bõne somme de deniers. Alors Dandamis; Tout ce que i'auois en ce monde (va il dire) a esté enleué de vo9 autres; que s'il y a plus rié encore à quoy ie puisse satisfaire ainsi nud que vous me voyez, ie suis tout appareillé de le promettre & accomplir. Et si bon te semble, prends moy au lieu de luy, & abuse de ma personne en tout ce qui te viendra à plaisir. A quoy le Sauromate replique. Il n'est point de besoing de te retenir, puis que tu t'es venu rendre toymesme: Mais en donnant vne partie de ce que tu posses des encore, emmeine puis apres ton Amy. Dandamis demande soudain ce que c'est qu'il vouloit auoir. L'autre respond que ses yeux. Et il les donne promptement à arracher. Cela faict, & ayant receu Amizocas, moyennant la rançon qu'il auoit payee, s'en retourna s'appuyant sur luy; & repassans la riuiere à nage, nous reuindrent trouuer sans auoir receu autre mal. Ce fait là remit le cueur au ventre de tous les Scythes, qui ne s'estimoient plus vaincus, puis qu'ils voyoient ce que nous estimons estre la plus grãde richesse de toutes autres, n'auoir point encore esté rauy par les ennemis; mais vn braue courage

rage leur estre demeuré de reste, & la loïauté enuers ses Amis. Et si le mesme acte donna grande frayeur aux Sauromates, quand ils vindrent à examiner en eux mesmes auecques quelles gens ils eussent eu à combattre, s'ils les eussent trouuez preparez, nonobstant qu'ils en fussent demeurez les maistres pour les auoir surpris au despourueu: Au moyen dequoy sur le soir la plus grand part du bestail laissée là, apres auoir mis le feu aux chariots, ils s'enfuirent. Amizocas' au reste ne peut souffrir plus longuement de veoir clair, son Amy Dandamis estant ainsi aueugle pour son occasion, ains se creua les yeux soy mesme: Et les voit on encore tous deux seoir l'vn aupres de l'autre, nourriz & entretenus aux despens du public, en fort grand respect & honneur de tout le peuple de Scythie. Quelle chose donques de tel pourrez vous racompter de vous? combien que l'on vous permist d'en pouuoir adiouster dix autres, aux cinq que vous venez d'alleguer; Voire sans estre adstreint par serment si vous le voullez ainsi; Et qu'il vous feust loisible de feindre & controuuer beaucoup de choses là dessus. Mais ie vous ay nuement exposé le fait sans aucun fard ny artifice: Là ou si vous eussiez amené vn pareil exemple, ie n'ignore pas combien pour enrichir le compte, vous y eussiez entremeslé d'ornemens. De quelle affection Dandamis supplioit: Comment on luy creua les yeux; Ce qu'il dit, & de quelle façon il s'en retorna; Et comme le receurent les Scythes; le festoyans, caressans, & luy souhaittās tout bon heur: auec autres sembla bles misteres que vous estes coustumiers d'aiouster d'vn fort elabouré artifice, pour chatouiller les oreilles des escoutans. OYEZ donq vne autre histoire de mesme, de Belittas cousin germain du dessusdit Amizocas, Cestuicy ayant apperceu son Amy Basthes abbattu par vn lyon du cheual à terre; car ils estoient lors d'auāture à la chasse; Comme le lyon l'eust desia saisy à la gorge, & commanceast à le deschirer de ses ongles; luy soudain se iettant à bas, saute sur le dos de la beste, la prouoquant de se retourner contre luy: Et luy poussant les doigts entre les dents pour la desprendre, & faire desmordre, s'efforça tant qu'il put de retirer Basthes hors de sa gueulle; iusques à ce que le lyon abandonnant celuy là demy mort, s'addressa contre Belittas, & l'ayant empoigné, le tua aussi: Mais en rendant l'ame (car il le deuança d'autāt) il luy enfonça son poignard dans le ventre: De sorte qu'ils expirerent tous ensemble: Et nous les enseuelismes en deux tombeaux prochains l'vn de l'autre; Ce loyal coupple d'Amis en l'vn; Et le lyon à l'opposite. OR EN troisiesme lieu ie vous racompteray (Mnesippus) l'Amitié de Macentas, Lonchatas, & Arsacomas; lequel s'estoit extre-

extremement enamouré de Mazee fille de Leucanor Roy du Bosphore, desłors qu'il residoit ambassadeur aupres de luy, pour le tribut qu'il & ses suiects auoient de tout temps accoustumé nous payer; Et il y auoit desia troys moys que le terme estoit escheu. Ayant donques veu ceste princesse en vn festin, haute droite, & belle par excellence, il s'en picqua outre mesure; de maniere qu'il ne dormoit ne iour ne nuict. Ce qui concernoit le tribut estoit desia expedié, parce que le Roy luy en auoit respondu; & le festoyoit pour sa bien allee, qui deuoit estre au premier iour: Y ayant vne coustume au Bosphore, que ceux qui poursuiuent des filles en mariage les demandent en plain banquet; ou ils racomptent Qui ils sont; Quels leurs moyens & facultez pour pretendre au party qu'ils prochassent. De fortune il arriua lors que plusieurs compediteurs s'y trouuerent; Roys & enfans de Roys; du nombre desquels estoit aussi Tigrapates prince des Laziens; Adyrmachus duc de Machlynes, & plusieurs autres grands seigneurs. Mais il faut que chacun de ces prochassans & competiteurs apres auoir fait entendre qui il est, & souz la confiance dequoy il vient poursuiure ce mariage, qu'en banquetant auec les autres, il se tienne assis sans mot dire; puis apres le soupper finy qu'il demande vne couppe pleine de vin dont il en verse vn peu sur la table: Et ainsi doit rechercher la fille: Se magnifiant bien fort cependant; de quelle race il est venu; quels sont ses biens, facultez, & pouuoir. Comme donques plusieurs desia selon la cerimonie eussent fait les effusions accoustumees, & requis la princesse en mariage; allegans leurs royaumes, seigneuries, estats, & puissances; finablement Arsacomas demandant vne couppe, n'espandit pas le vin qui estoit dedans, car telle n'est pas la mode des Scythes, au contraire l'on penseroit faire grand outrage à Dieu; mais en beuuant d'autant au Roy; Donnez moy Sire (luy dit il) vostre fille Mazee en mariage, qui suis à preferer de beaucoup à ceux cy, entant que touche les possessions & richesses. Leucanor tout esmerueillé de cela, car il sçauoit Arsacomas estre fort pauure, & de l'ordre des Plebeiens parmy les Scythes, luy demande: Combien donc auez vous de bestail, & de chariots (Arsacomas) car c'est toute vostre richesse? Ie n'ay quāt à moy ny bestail ny chariots, respond il; Mais en lieu de cela deux amis fidelles, & gens de bien, autant que nul autre Scythe en aye point. Dequoy chacun se prit à rire, & se mocquer de luy, estimans qu'il fust hyure. Le lendemain puis apres Adyrmachus fut preferé aux autres tous; & estoit sur le point d'emmener sa femme chez luy à Machlynes, le long des marez de la Meotide; quand Arsacomas estant

ſtant de retour va faire entendre à ſes Amis, cõme il auoit eſté eſconduict du Roy, & ſeruy outre plus de riſee en plein banquet, par ce qu'on l'eſtimoit eſtre pauure: Et neantmoins ie leur auois (diſoit il) fait entendre quelles grandes richeſſes i'auois, aſſauoir en vous deux Lonchatas & Macētas: Et que voſtre amitié eſtoit à preferer de bien loing, comme plus ferme & aſſeuree que tous les biens & cheuāces des Boſphorains. Mais comme ie luy allegois cela, il ſe prit à moquer de moy; & me deſdaignant, accorda ſa fille à vn Adyrmachus de Machlines, pource qu'il diſoit auoir dix couppes d'or; plus quatrevingts chariots à quatre ſieges, & vn grand nombre de brebiailles, & beſtes à corne: Tant il a poſtpoſé les hommes de cueur à vne multitude de beſtes brutes; à des taſſes d'vn bel ouurage; & des lourds chariots. Au moyen dequoy mes Amis ie ſuis tourmẽté en deux ſortes: Car i'ayme deſeſperement Mazee, & l'iniure qui m'a eſté faitte en vne telle compagnie ne m'afflige pas peu l'eſprit; m'aſſeurant bien que ceſt outrage ne vous touche pas moins qu'à moy: Par ce qu'à chacun de nous trois appartient la tierce portion d'iceluy; ſi aumoins nous viuons de la ſorte que nous auons commancé de faire quand nous contractaſmes enſemble noſtre Amitié; à ſçauoir de n'eſtre qu'vne ſeule perſonne; nous contriſtans, & reſiouiſſans eſgallement d'vne mesme chose. Mais (respond Lonchatas) vn chacun de nous estoit tout seul outragé, quand on vous fit ce scorne. Qu'est il doncques besoin de faire, adiousta Macentas? Il faut (ce dit l'autre) partir cest affaire entre nous. Et de moy ie me charge d'apporter la teste de Leucanor à Arsacomas. Quant à vous, il faut qu'enleuãt l'espousee vous l'ameniez à cestuycy. A la bonne heure respond il: Et vous Arsacomas cependant (car ces choses executees il y a apparence qu'il nous faudra dresser vn cãp, & faire la guerre) demourrez icy pour leuer des forces, & faire prouision d'armes, de cheuaux, & tout autre tel equippage, en la plusgrande quantité qu'il sera possible: Car vous amasserez soudain beaucoup de gens tout à l'aise; en partie par vostre promptitude & dexterité; en partie, pour-ce que nous n'auons peu d'Amis: Et mesmement si vous vous asseez sur le cuir de bœuf. Cela arresté entr'eux, l'vn s'en va le plus droict qu'il peut au Bosphore, à sçauoir Lonchatas; & Macentas es Machlyniens; l'vn & l'autre à cheual. Arsacomas demeurant au logis confere de tout auecques ses plus intimes familliers; & arme de ses cognoissances vne bonne troupe de gens; puis s'alla asseoir sur vn cuir de bœuf. Ceste coustume de s'asseoir ainsi sur le cuir d'vn bœuf est telle enuers nous. Quãd quelqu'vn a esté offensé & receu iniure d'vn autre dont il se vengeroit volontiers, neantmoins il

ne

ne se sent assez suffisant, n'assez fort pour le combattre, ayant immolé vn bœuf, il en couppe la chair en menues pieces, & l'a fait rostir: Puis espandant le cuir à terre s'assiet dessus, les mains derriere le dos, à guise de ceux qui sont liez & garrottez par le coulde. C'est la plus pregnante maniere de supplier, & requerir aide que nous ayons point. Car presentãt ceste chair de bœuf aux parens & Amis qui y viennent; & aux autres encore s'ils veullent estre de la partie; chacun en prend vne lippee, & posant le pied droit sur le cuir, promet selon sa puissance; l'vn de fournir cinq hommes de cheual, nourris & soudoyez à ses despens: L'autre dix; l'autre d'auantage; l'autre ce qu'il pourra de gens de pied: Et celuy qui a le moins de moyen sa personne tant seulemẽt: De maniere qu'en ce cuir de bœuf s'amassent telle fois est, vne grosse armee; qui est tousiours fort seure & fidelle; & bien malaisee à deffaire par les ennemis; non autrement que s'ils estoiẽt tous obligez par serment solemnel: Car d'auoir assis le pied sur ce cuir, est vne forme de sermẽt. Arsacomas doncques pouruoyoit à cela, dont il mit ensemble pres de cinq mille bõs cheuaux, & d'autres plus legierement armez pesle-mesle auecques les pietons, iusqu'à vingt mille. Cependant Lonchatas estant arriué au Bosphore, sans estre cogneu de personne, s'en va trouuer le Roy qui depeschoit ie ne sçay quels affaires d'estat ; & luy fait entendre comme il auoit de vray esté enuoyé au nom des Hordes & communautez de Scythie, mais que particulieremēt il auoit à luy cōmuniquer de grandes choses. Et cōme il luy eust respondu qu'il parlast: Quant à ce qui touche le public (va il dire) voicy que les Scythes vous mandent pour ceste fois. Que vos pasteurs n'ayent plus desormais à passer iusques à la plaine, mais facent paistre leurs troupeaux au dedans de Thracon. Et au regard des bandolliers, dont vous vous plaignez qu'ils courent & saccagent vostre contree, ils les desauouent; n'y estans point enuoyez par ordonnance publicque, car chacun volle ainsi pour son proffict particulier. Que si vous en pouuez attraper quelques vns, on vous remet de les punir selon vostre discretion. Voila doncques ce qu'ils vous mandent. Mais ie vous veux bien aduertir d'ailleurs, que bien tost Arsacomas fils de Mariantes vous viendra bien rudement courir sus, qui puis n'agueres estoit icy Ambassadeur pres de vous: Pour raison (à ce que i'entends) que vous ayant demandé vostre fille en mariage, vous la luy auez refusee: dont il est tellement indigné, que voicy le septieme iour qu'il est assis sur le cuir de bœuf; & a desia amassé vne armee qui n'est pas petite. I'ay sceu aussi (respond Leucanor) que l'on amasse de grādes forces en ce cuir de bœuf: Mais que ces-cy se preparassent à l'encontre de

nous,

nous,ny qu'Arſacomas en fuſt chef,ie ne l'auois point encore entendu. Et c'eſt pour vous courir ſus (repliqua Lonchatas) que ſe dreſſe tout ceſt appareil. Arſacomas au reſte m'eſt fort ennemy; & ne peut comporter que ie ſois preferé à luy par nos anciens, ny que ie monſtre le preceder en rien que ce ſoit. Que ſi vous me voulez promettre Barcetis l'autre de vos filles en mariage, n'eſtant pas quant à moy indigne de voſtre alliance, ie retourneray en brief deuers vous auecques la teſte de noſtre commun ennemy. Et ie la vous accorde, dit le Roy; Ayant vne peur extreme; d'autant qu'il n'ignoroit l'occaſion dont Arſacomas eſtoit irrité contre luy; aſſauoir pour le mariage deſſuſdict refuſé; & auſſi qu'il redoutoit de tout temps les Scythes. Iurez doncques (dict Lonchatas) que vous accomplirez voſtre promeſſe; & ne me reffuſerez point ma demande. Et comme il fuſt preſt de ce faire, leuant deſia la face en haut vers le ciel: Ia Dieu ne plaiſe Sire (ce dit Lonchatas) que vous iurez icy en la preſence de tant de teſmoings, de peur que quelqu'vn ne ſouſpçonne pourquoy c'eſt: Mais entrons pluſtoſt en ce Tẽple de Mars, & fermans les portes ſur nous, nous iurerons reciproquement de ſatisfaire à nos promeſſes, là où perſonne ne nous pourra eſcouter: Car ſi Arſacomas en oyoit d'aduenture le moindre vent, ie craindrois qu'auant que nous peuſſions prendre les armes, il ne me massacrast; estant pour ceste heure accompaigné d'vne non petite trouppe de gens. Entrons y doncques (respond le Roy) & vous autres reculez vous vn peu au loing, sans que personne d'entre vous s'approche d'icy, que ie ne l'appelle. Or apres qu'ils furent entrez, & que la garde du Roy se fust esloignee; Lonchatas mettant la main à la dague, & de l'autre estouppant la bouche du Roy à ce qu'il ne criast, la luy passe à trauers le corps: Puis luy ayant trenché la teste, il la cache soubs son manteau, & sort dehors comme en prenant congé de luy, & qu'il l'eust asseuré à son dire, qu'il seroit de retour en brief de l'affaire ou il l'enuoyoit. Là dessus estant de retour là où il auoit laissé son cheual attaché à vne haye il monte dessus, & s'en retorna en Scythie sans que personne allast apres, par ce qu'ils demeurerẽt assez long temps qu'on ne sçauoit ce qui estoit aduenu: Et quand ils le sceurent, ils se mirent au lieu de le suiure, à contester & debattre de la Couronne. Voila ce qu'executa Lonchatas, & comme il accomplit sa promesse, apportant la teste de Leucanor. Mais Macentas ayant sceu en chemin comme les choses estoient passees au Bosphore, arriua aux Machlyniens; & fut le premier qui les aduertit de la mort du Roy: Au lieu duquel, Seigneur Adyrmachus (ce luy va il

dire

dire) le peuple vous appelle à succeder, comme celuy qui estes son gendre. Au moyen dequoy faittes en sorte, que vous hastant, vous soyez le premier à vous emparer du Royaume; & vous presentez au plustost, les affaires estans ainsi partroublez. Que vostre femme puis apres suiue à ses iournees; car en ce faisant il vous sera bien aisé de gaigner le cœur de tous les Bosphorains, quand ils verront la fille de leur deffunct maistre. De moy ie ne suis pas seulement Alan de nation, mais cousin germain de la Princesse vostre femme; d'autant que Mastere que Leucanor auoit espousee, estoit ma tante; & ie vous suis à ceste heure venu trouuer de la part de ses freres qui sont en Alanie; lesquels m'ont expressement depesché pour vous faire aduancer le plus tost qu'il sera possible de vous rendre au Bosphore; à ce que par vostre negligence & paresse, le Royaume ne vienne entre les mains d'Eubiotus: Car nonobstant qu'il soit bastard de Leucanor, il a tousiours neantmoins fort fauorisé les Scythes, & est ennemy mortel des Alans. Tout cela disoit Macentas habillé comme eux, & si en parloit tresbien le language; car l'vn & l'autre sont presque tous vns aux Alans & aux Scythes, horsmis que les Alans ne portent pas les cheueux si longs comme font les Scythes; Mais Macentas s'estoit en cela contrefaict;ayant fait rongner les siens tout autant qu'il falloit qu'vn Alan en eust moins qu'vn Scythe: Au moyen dequoy il obtint par cela, qu'on adiousta foy aiseement à son dire, & fut pris pour nepueu de Mastere, & cousin de Mazee. Ie suis donques tout prest (poursuit-il) ô Adyrmachus, de faire l'vn ou l'autre; ou de m'en aller auec vous au Bosphore si vous voulez, ou bien de demeurer quand & vostre femme, pour luy tenir compagnie par les chemins. I'ayme beaucoup mieux (respond Adyrmachus) que vous l'accompagnez, puis que vous estes son cousin: Car si vous venez quand & nous, nostre trouppe ne s'accroistra que d'vn homme de cheual seulement: là ou si vous conduisez ma femme, vous luy tiendrez lieu de plusieurs. Et ainsi fut faict: Car Adyrmachus se mit en chemin; laissant Mazee en la garde de Maccẽtes, laquelle estoit encor' pucelle. Cestuici l'ayant menee en vn coche tant que le iour dura; soudain que la nuict fut venue il la met en crouppe derriere luy; pource qu'il auoit aussi donné ordre qu'vn autre homme de cheual le suiuist de loing; Et ne tint plus alors la routte de la Meotide, ains se destornant plus en dedans terre, les monts Mitreens delaissez à main droitte, & faisant de fois à autre reposer la princesse pour la soullager du trauail, au troisiesme iour il arriue sur les confins de Scythie; là ou tout

aussi

aussi tost que son cheual eut parfourny ceste longue course, ayant vn peu repris d'haleine il tombe tout roidde mort. Et Macentes presentant Mazee à Arsacomas; Receuez de moy (luy dit il) cela que ie vous auois promis. Et comme luy tout rauy d'aise pour vn si inesperé spectacle luy en voulust rendre graces; Non non ce dit Macentes, ne m'estimez point vn autre que vous: Car de me remercier de ce que i'ay fait, ce seroit autant comme si ma main gauche disoit grand mercy à la droitte, de ce qu'ayant esté blessee elle auroit pris peine de la penser; & eu soin de la secourir durant son indisposition. Et certes nous ferions chose digne d'vne risee, si de si longue-main estans vniz par ensemble; Et autant comme faire se peut, tous trois comme fonduz ou forgez en vn tout seul corps, nous reputiõs à quelque grand' chose, si vne partie de nous s'est mõstree prõpte & deliberee à faire ie ne say quoy pour le tout; car c'est pour elle mesme qu'elle a fait cela; puis qu'elle est vne portion de ce tout qui en a receu le benefice & plaisir. Voila ce que Macentes respondit à Arsacomas, quant il luy cuidda rendre graces. Adyrmachus au demeurant ayant sçeu le tour qu'on luy auoit ioué de sa femme, n'alla pas iusques au Bosphore; car aussi bien Eubiotus s'estoit ia emparé du Royaume, y ayant esté appellé par les Sauromates ou il auoit longuement demeuré; Mais rebrouſſant chemin és Machlyniens, amaſſa de grãdes forces; & par les montaignes entra dedans la Scythie. Bien toſt apres Eubiotus ſ'y ietta auſſi; menant auec ſoy vne trouppe de Grecs, tout autant qu'il en put leuer de coſté & d'autre: Et des Alans & Sauromates qu'il auoit appellez à ſa ſolde; de chacune de ces deux nations iuſqu'à vingt mille. De maniere qu'Adyrmachus, & Eubiotus ayans ioints leurs forces enſemble, ſe trouuerent bien quatre vings & dix mille combatans; dont la tierce partie eſtoient archiers, & gens de traict à cheual. Nous d'autre part; car i'auois auſſi contribué à ceſte entrepriſe, & adiouſté à ceux qui ſ'eſtoient aſſemblez ſur le cuir de bœuf, cent cheuaux; Ayans mis ſus peu moins que de trente mille bons hommes, auec la cauallerie ſouz la charge d'Arſacomas; attendions ce que les ennemis voudroient faire. Soudain que nous les viſmes approcher, nous ſerrans en vn bataillon, enuoyames les gensde cheual deuant pour leur attacher l'eſcarmouche; là où apresvn fort long & cruel conflit, les noſtres à la fin tournerent le doz, ayant eſté le bataillon enfoncé & ouuert, qui ſe ſepara alors en deux parts: l'vne ſe retira non du tout miſe à vauderoutte; ains fuyant de ſorte qu'il ſembloit qu'elle ne voulluſt ſinon deſmarcher quelque peu en arriere pour ſe r'allier puis apres de nouueau: De maniere que les

Alans

Alans demeurerent quelque temps sans lesoser enfoncer ne poursuiure. Mais l'autre moitié qui estoit la plus foible ayant esté enueloppee des Alans & Machlyniens, estoit tenue de fort court, & tresmal menee; car plusieurs y furent tuez à coups de iauelots & de flesches qu'on leur tiroit de loing: Si qu'ils estoient desormais reduits à vn bien mauuais party; Et plusieurs auoient desia ietté la leurs armes pour s'enfuir plus à deliure: Du nombre desquels estoient parauenture Lonchatas mesmes, & Macentas; l'vn & l'autre blessez en combattant és premiers rengs: Celuy là ayant eu la cuisse bruslee; & Macentas esté nauré à la teste d'vn coup de hache, & d'vn autre de pique à l'espaulle. Ce que tout aussi tost qu'Arsacomas apperceut, estant en vn autre esquadron auec nous; Estimant que ce luy seroit vn trop grand reproche s'il n'alloit secourir ses Amis; donne des esperons au cheual: Et s'en va à grands cris ruer sur ceux qui les accabloient desia, brandissant son espee en l'air de telle furie, que les Machliniens ne peurent supporter son effort; ains luy firent voye. Là dessus ayāt recouz ses Amis, & iceux retirez de la presse: Rallié quand & quand vn bon nombre de gens autour de luy, s'alla ietter sur Adyrmachus; & luy donne vn tel horion entre col & chapeau, qu'il le pourfend iusqu'à la ceinture. Cestuicy enuoyé par terre, tout le bataillon des Machlyniens fut bien tost mis à vauderoutte, & tout incontinent apres celuy des Alans; Ensemble les Grecs auec eux. Le combat ainsi remis sus, nous obtinsmes finablement la victoire, & les menasmes battans & tuans vne bonne piece; Tant que la nuict nous separa, & contraignit de retirer. Le lendemain vindrent des ambassadeurs de leur part requerir humblement la paix, & nostre Amitié; dont les Bosphorains promettoient redoubler le tribut qu'ils soulloient payer; les Machlyniens de donner des ostages; Et les Alans de compenser ceste aggression, en allant de ce pas assaillir en nostre fa ueur les Sindianiens, de longuemain noz capitaux & inueterez ennemis. Les voix ayans este là dessus recueillies par Arsacomas & Lonchatas, la paix leur fut accordee; Car ces deux disposoient de tous les affaires à leur gré. Telles choses ô Mnesippus osent bien entreprendre les Scithes, & les sçauent mener à fin pour leurs Amis MNE. Cas fort merueilleux Toxaris, & Tragiques de vray, sentans bien leur anciennes fables. Qu'ainsi me puissent estre le poignard & le vent propices, par lesquels vous auez n'aguere iuré, que si quelqu'vn ne le croit, il ne me semble deuoir estre grandement à reprendre. Tox. Mais prenez garde cependant que ceste vostre incredulité ne parte de certaine enuie. Neantmoins vous ne m'estonnerez pas pour ny adiouiouster point de foy, que ie ne vous en racompte encore d'autres semblables. Lesquels i'ay entendu auoir esté faits par les Scythes. MNE. Ie ne vous prieray seulement que de n'estre plus ainsi prolixe en langage; Et ne vous extrauaguer point en vne telle multiplication de paroles; Si que tantost parcourant haut & bas la Scythie & Machlinienne d'vn bout à autre, tan tost vous acheminant au Bosphore, & finablement retornant dela, vous abusiez de ma trop paisible audience. TOX. il vous faut obeyr Mnesippus, en nous prescriuant ceste loy; & nous depescher en brief mots de ce que nous auons à dire, afin que vous ne vous l'assiez auec nous, à voltiger çà & là de l'esprit en nous escoustant. OYEZ DONQVES CE qu'vn mien Amy appellé Sisinnes fit iadis pour l'amour de moy. Car estant party de nostre pays pour m'en aller à Athenes, & ce pour le desir des lettres Grecques, i'estois arriué à la ville d'Amastre scituee sur le pont Euxin, en vn Cap & langue de terre se reiettant en la mer non gueres loin de Carambé, qu'en n'auigant de Scythie l'on rencontre de front: Et ce Sisinnes m'accompaignoit; l'vn de mes plus grands & affectionnez Amis des que ie n'estois qu'vn enfant. Apres donques que nous eusmes couru de lœil ie ne sçay quelles denrees estenduës le long du moulle, y estant descenduz de nostre vaisseau; Et pris vn logis là au pres, là ou nous les emportasmes auec le reste de noz hardes sans pẽser à rien; Cependant que nous nous estions allez promener, les larrons rompent la serrure, & r'afflent tout ce que nous auions, qu'ils ne nous laisserent pas dequoy viure à grand peine pour ce iour là. Quand nous fusmes de retour au logis, & sçeu ce qui estoit aduenu, il ne nous sembla pas deuoir mettre pour ceste occasion en iustice, ny les voisins qui estoient plusieurs, ny nostre hoste aussi; de pœur que la plus grand part ne nous prist pour des affronteurs, si nous eussions allegué d'auoir bien perdu quatre cens doubles ducats en argent comptant, sans tout plein de besongnes, & quelques tapis; voire tout ce que nous auions en ce monde, & pourtant consultions là dessus ce qui estoit de faire; indigens despourueuz de toutes choses, & encore en vne ville estrangere. Quant à moy, pour lors il me sembla valloir mieux de me donner vn coup de poignard dans le ventre pour me defaire de ceste vie, premier que transy de faim & de soif, il me conuinst souffrir quelque chose de lasche & indigne. Au contraire Sisinnes me reconfortoit, me priant ne le faire pas: Et se disoit auoir trouué vn moyen dont nous pourrions recouurer dequoy. De fait pource iour il r'apporta au logis ie ne sçay quel argent qu'il auoit gagné à seruir de portefaix sur le port, dont

nous

nous maintinſmes. Et le lendemain ſ'eſtant allé promener au marché, il vit vne trouppe de ieunes hommes en bon equippage, & vaillãs à leur contenance, ſelon qu'il diſoit ; qui faiſoient la comme vne monſtre: Car ils auoient eſté choiſis à l'eſlite pour combatre en camp cloz, moiennant certain prix & ſallaire qu'on leur propoſoit. Ayant donc entendu tous les articles & conditions de l'affaire, il me vient trouuer en diſant: Gardez vous bien cy apres Toxàris, de vous reputer eſtre pauure ny neceſſiteux; car dãs trois iours ie vous fais riche. Il me dit cela; Mais nous euſmes cependant de l'affaire à viure. Et comme l'esbattement euſt eſté preparé de tous points, nous y allaſmes auſſi pour le veoir; car il me mena au Theatre comme à quelques nouueaux plaiſans ieux à la mode Grecque. Ayãs pris place, nous nous miſmes à regarder comme les autres: Et d'entree il y eut tout plein de beſtes ſauuages, partie tuees à coups de dards, partie venees auec des chiens, partie laſchees apres de pauures miſerables liez garrottez malfaicteurs, à ce que nous pouuions deuiner. Puis apres, comme ceux qui auoient eſté louez pour cõbatre en Duel fuſſent comparuz ſur les rengs; & entre autres vn ieune homme de grande taille & corpulẽce, fort & robuſte à merueilles; le crieur va dire tout haut : Si quelqu'vn veut combatre homme pour hõme ceſtuicy, qu'il ſorte en place, & on luy donnera mille escuts pour se mettre au hazard. Sisinnes à cela se leua en pieds, & saute en bas, se presentant pour ce faire; & demande quand & quand les armes. Alors m'apportant les mille escuts qu'on offroit, me les met dans la main;& va dire: Si ie vainqs (Toxaris) nous nous en irons de conserue; & aurons dequoy parfaire nostre voyage : Si ie demeure souz le faiz, m'ayant inhumé retournez en Scythie. Ie souspirois ameremẽt quand à moy, d'oir telle chose; Mais luy saisissant les armes, s'en equippe de pied en cap, hors mis du morion qu'il ne voullut prendre, ains combatit la teste nue. De plaine arriuee il fut blessé d'vn coup de cimetterre qu'il receut au iarret, dont il sortit vne grande abbondance de sang: Et ie me cuiday pasmer demy mort, de la pœur que i'auois de luy: Mais se tenãt plus songneusemẽt sur ses gardes, ainsi que son aduersaire voulloit redoubler : il luy donna de lespee au trauers du corps, & la luy passe d'outre en outre; De maniere qu'il tombe roidde mort à ses pieds. Sisinnes quand & quand trauaillé de sa playe, se laissa cheoir de son haut sur le corps, qu'il ne s'en failloit gueres qu'il ne rendist l'ame aussi: Mais y accourant soudain ie le releuay, & donnay courage. Puis ayant de ce pas esté proclamé vainqueur, & eu congé de se retirer, ie l'emportay entre mes bras au logis; là ou il fut bien long

long temps entre les mains des Chirurgiens auant que de receuoir guerison: Car il reschappa à la fin, & est pour le iourdhuy en Scythie ou il a espousé ma sœur; Toutesfois demeuré boitteux de ce coup. Cecy (Mnesippus) n'aduint pas és Machlyniens, ny en Alanie, qu'il ny ait personne pour le tesmoigner, ny qu'õ puisse aleguer q̃ ce soit chose feinte & cõtrouuee à plaisir, car il y a tout plein d'habitans d'Amastre, qui sçauent bien parler du combat de ce Sisinnes.
PARQVOY IE FINERAY mon propos, apres que pour le cinquiesme exemple ie vous auray racompté le fait d'Abauchas. Cestuy-cy arriua quelque fois à la ville des Boristheniens, menant sa femme auec luy, laquelle il aimoit singulierement; & deux enfans, l'vn petit garçon qui tettoit encore; l'autre estoit vne fille d'enuiron sept ans, En ce voyage l'auoit aussi accompaigné vn sien Amy appellé Gyndanes, qui se trouuoit fort mal d'vne playe que les brigands luy auoient faitte par les chemins, ou ils s'estoient iettez sur eux; & s'estant voullu mettre en deffence, auroit ainsi esté blessé à la cuisse; de maniere qu'il ne pouuoit presque se soustenir de douleur que cela luy faisoit. Et comme vne nuit estans endormis en vne chambre haute ou il logeoient, le feu se fust mis d'auenture à la maison, ou la flamme les auoit desia assiegé de toutes parts; Abauchas se va resueil-

ler en ſurſaut; & laiſſe la ſes enfans pleurans;repouſſe rudement ſa femme qui ſe penſoit prendre à luy, en diſant qu'elle ſeſauuaſt comme elle pourroit; & charge ſon Amy deſſus ſes eſpaulles; lequel il emporta à val les degrez ſain & ſaue, ſans auoir receu aucun mal. Sa femme portât entre ſes bras ſon petit enfant le ſuiuoit, criant à ſa fille qu'elle allaſt apres: Mais ſe trouuant à demy grillee, contrainte à la fin de ietter là ſa creature, à toute peine ſe ſauua de la flâme: Et la fille ſe cuidant garentir fut preſque eſtouffee. Quelque temps apres, comme l'on reprochaſt à Abaucas, qu'ayant à vn tel beſoin abandonné ſa femme & ſes enfans, il euſt garenty Gindanes: Mais il ne me ſera pas impoſſible (reſpondit il) d'auoir encore d'autres enfans; Et ſi ce n'eſt pas choſe aſſeuree encore ſ'ils doiuent eſtre gens de bien: là ou ie demeurerois trop long temps à r'encontrer vn tel amy que celuy-la; dont la loyauté m'a par aſſez d'euidentes preuues eſté confirmee. IAY acheué mon propos Mneſippus; de pluſieurs exemples que i'auois en main vo⁹ en ayât racompté ces cinq icy: Parquoy il eſt temps deſormais de prononcer la ſentence, auquel de nous deux il faudra couper la langue ou le poin. Qui dôques en ſera le iuge? MNE. Perſonne; car auſſi bien n'auions nous point pris d'arbitre ſur nôſtre diſcours. Mais ſçauez vous que nous ferons; d'autant que pour l'heure preſente nous

auons

auons descoché noz traicts sans planter vn but; de nouueau apres auoir cherché vn arbitre, recitons deuant luy quelqu'autres couples d'Amis; & celuy qui perdra sa cause, qu'on luy couppe alors, ou à moy la lãgue, ou à vous le poing droit. Que si cela est par trop cruel; pource que vous me semblez faire grand compte de l'Amitié; De moy aussi ie ne pense pas que l'homme puisse auoir vn plus beau tresor en ce monde; plus riche, ne plus excellent que celuy là, nous conioignans en vn seul, venons le à le tesmoigner par effect: Et dicy en auant tant que nous viurons soyons Amis: l'vn & l'autre ayant obtenu la victoire; l'vn & l'autre sallariez d'vne tresbelle recompense; comme ceux qui pour vne seule langue, & pour vne main seule en deuroient doresnauãt auoir chacun deux; Quatre yeux outre plus, & quatre iambes: Bref, toutes choses redoublees en nous. Car il se fait ie ne say quoy de tel, quand deux ou troys se viennent ioindre par Amitié; comme les autheurs ont escript de Gerion, homme ayant six mains & trois testes: Mais ce furent à mon opinion trois Amis qui firent toutes choses d'vn consentement mutuel; Ainsi que doiuent tous ceux que l'Amitié à ioint & vnis ensemble. Tox. Vous dittes fort bien; Et faisons le ainsi. Mne. Mais il n'est point icy besoin de sang, Toxaris; ny d'vn poignard qui contracte nostre Amitié; d'autant que ceste nostre communication & deuiz; & ce que nous aimons vne mesme chose, est bien plus certain que la couppe que vous beuuez de compaignie. Car cecy ne me semble pas tant requerir vne obligation, comme vn franc & libre voulloir. Tox. I'en suis content: Et la dessus soyons hostes & Amis de ce pas: Vous à moy icy en la Grece; Et moy à vous en la Scythie, s'il d'auenture vostre chemin s'y addresse iamais. Mne. Asseurez vous Toxaris que ie ne plaindray point d'aller encore plus loin s'il est question; pour rencontrer des Amis tels que ie presume que vous soyez, au langage que vous me venez de tenir.

FIN.

EXTRAICT DV PRIVILEGE DV ROY.

PAr grace, & priuilege general du Roy, donné & octroyé à Nicolas Chesneau, Libraire Iuré, en L'vniuersité de Paris, pour imprimer tous & chacuns les liures & traductions qu'il recouurera non encor' publiees & imprimees, il est deffendu à tous autres Libraires & Imprimeurs de ce Royaume de n'imprimer vendre ou d'istribuer en cedict Royaume ce present liure: *Trois Dialogues de l'Amitié, le Lysis de Platon, le Lelius de Ciceron, & le Toxaris de Lucian*, traduicts par Blaise de Vigenere, sinon de ceux qu'aura imprimé ou faict imprimer ledict Chesneau, ou de son consentement iusques apres le temps & terme de sept ans finis & accomplis, apres la premiere impression: à peine de confiscation de ce qui s'en trouueroit d'imprimez ou venduz au contraire, & d'amende arbitraire: comme plus amplement est declaré par les lettres dudict Seigneur sur ce donnees à Paris. le 30. de May, 1567.

Signees. ROBERTET.

Acheué d'Imprimer la premiere fois, le 18. Mars. 1579.

www.ingramcontent.com/pod-product-compliance
Ingram Content Group UK Ltd.
Pitfield, Milton Keynes, MK11 3LW, UK
UKHW021127220726
13924UKWH00004B/1940